秘境之国

寻找消失的古格文明

张建林 著

西北大学出版社
·西安·

图书在版编目（CIP）数据

秘境之国：寻找消失的古格文明/张建林著.
--西安：西北大学出版社，2019.7 (2021.11重印)
ISBN 978-7-5604-4392-8

Ⅰ.①秘… Ⅱ.①张… Ⅲ.①古格-古城遗址（考古）-研究-西藏 Ⅳ.①K878.04

中国版本图书馆CIP数据核字（2019）第140530号

秘境之国——寻找消失的古格文明

作　　者	张建林
出版发行	西北大学出版社
地　　址	西安市太白北路229号
邮　　编	710069
电　　话	029-88302590　88303593
网　　址	http://nwupress.nwu.edu.cn
经　　销	全国新华书店
印　　装	陕西龙山海天艺术印务有限公司
开　　本	787毫米×1092毫米　1/32
印　　张	13.25
版　　次	2019年7月第1版
印　　次	2021年11月第3次印刷
字　　数	205千字
书　　号	ISBN 978-7-5604-4392-8
定　　价	96.00元

本版图书如有印装质量问题，请拨打电话029-88302966予以调换。

前言

古格王朝，西藏西部一个曾经辉煌一时而后又覆灭不存的古王国。它有着错综复杂的历史，曾一度政通人和、异常繁华，却又因曲折离奇的宗教纷争而消亡。它是古老文明的不朽传奇，也代表着消失了的古国的落寞哀伤。它是这样的复杂神秘，一切还要从它的源头说起：9世纪中叶之后，大唐王朝逐步走向衰落，雄霸中亚、强盛一时的吐蕃王朝也分崩离析，青藏高原进入了一个漫长的群雄割据时期。作为吐蕃王室后裔的吉德尼玛衮在纷争中落难，从西藏腹地逃往地处偏远的阿里地区，在那里被拥戴为王，成为西藏西部新的统治者。吉德尼玛衮为了政权稳固，也为了避免诸王子为争夺王位而骨肉相残，便将3个儿子分封3处，成为3个小王国。其中幼子德祖衮占据古象雄旧地，创建了古格王国。经过数百年的苦心经营，古格王国弘传佛教、开疆拓土、发展经济、抵御外侵，一度成为藏传佛教复兴的中心，也成为中世纪西藏西部诸王国中势力最强大的一支。1630年,由于西方传教士的进入引发的宗教之争与僧俗之争,最终导致王朝的覆灭,王国都城和其属地在历史的长河中逐渐被风沙掩埋,沦为废墟,古格王国从此在中国的历史舞台上销声匿迹。

多年来,古格王国戏剧性的历史一直被历史学家和西藏学专家所关注。但由于藏文文献有关古格王国的记载十分简略,仅有不完整的王统世系和一些与当时佛教发展有直接关联的人物和事件,人们始终难以揭开古格王国的神秘面纱,无法对它夹杂着辉煌与落寞的历史有一个清晰的认识。20世纪中叶,专事西藏古代史研究的日本著名学者佐藤长曾感叹过:"当佛教在此取得势力之后,古代王国的史实或多或少蒙上了宗教的色彩,保存下来的记录很难被看作是原封不动的历史事实。"而汉文文献和其他语种的文献对于古格王国又鲜有记载,考古调查和研究无疑成为了解这个古王国历史的另一重要途径。

20世纪上半叶就有欧洲学者翻越喜马拉雅山脉,踏上西藏西部的高原,探寻古格王国的遗址,他们刊布的资料引起了西方学术界的关注。20世纪70年代末以来,我国的文物考古工作者曾多次前往阿里地区考察，长途跋涉，历尽艰辛，多有发现。特别是1985年的考古调查，全面深入地考察了古格故城遗址和古格王国时期的城堡、民居、寺院、佛塔、石窟等遗址，取得了丰富的第一手资料，发表和出版了一批相关的考古调查简报、报告和图录。自此以后，各路学者、媒体人和国内外游客纷至沓来，掀起了一股"古格热潮"，至今热度不减，大大增进了人们对古格王国历史面貌和古格遗址的了解。然而考古报告和研究专著均极为专业，充满了专业术语和烦琐考证，往往令读者望而却步。如何使一般读者产生阅读兴趣，是学术界和出版界近年来关注的问题。笔者参加了1985年的考古调查及之后的多次发掘、考察，数十年来走遍了阿里地区的山山水水和各处的遗址、墓葬、岩画，对阿里的熟悉程度甚至超过了故乡陕西。

本书以笔者考察的亲身经历和数十年研究的心得为基础，试图以较为通俗的语言描述阿里地区独特的自然风貌、古格王国传奇般的历史、雄伟的古格故城和其他古格王国时期遗址的概况；详细介绍古格王国时期都城发展的曲折过程，特别是佛教艺术的独特风格；梳理古格王国与周邻国家、地区的交往与战争；剖析古格人的生存状况和生活方式；复原古格文明的真实面貌，带领读者认识古格王国和古格王国遗迹、遗物，领略古格文明的神奇与辉煌。

  本书尚有许多不完善之处，请各位读者不吝赐教。

张建林
2019 年 3 月 17 日

目 录

前 言 001

神奇的阿里高原

世界屋脊的屋脊 003

神山圣湖 014

奇特的土林地貌 020

古老的象雄文明 026

探索阿里高原秘密的人们 041

阿里高原的一幕历史正剧

续写阿里高原历史的落难王子 051

三衮占三围 056

佛教的复兴 060

一段扑朔迷离的历史 067

西方传教士的到来和古格王国的覆灭 070

雄伟的古格故城

故城遗址知多少 079

山顶上的王宫 084

高低错落的房屋遗迹	092
形形色色的窑洞	097
神秘的葬俗——洞葬与壁龛葬	107
四通八达的通道	114

阳光下的佛殿

佛教活动是古格人的头等大事	123
城堡中的佛教建筑	128
山顶的王室佛殿	134
红殿	142
白殿	150
大威德殿	160
度母殿与毗沙门天王殿	168
洛当寺	172
洞窟里的佛堂	175
佛塔与塔墙	180

佛教艺术的绝响

土壁生辉——古格的壁画艺术	187
庄严 威猛 娇媚	190

佛陀的故事	199
古格的"清明上河图"	213
古格壁画的艺术特色	223
五彩缤纷的天花板	228
刻在卵石上的艺术	235
方寸之间的众神	245
不同寻常的面具	252

坚固的堡垒

立体防御系统	257
都城的三道防线	259
此显彼隐的碉堡	261
防卫墙	264
利兵坚甲	268
最先进与最原始的武器	290

星罗棋布的古格王国遗址

古格王国的势力范围	297
近在眼前的卡尔普	303
河谷里的多香城堡	307

千年古刹托林寺	318
玛那并不遥远	339
达巴遗址	347
皮央·东嘎遗址	352
象雄都城——琼隆城堡	361
仁钦桑布出生地的佛堂——热尼拉康	372

昨日辉煌

考古学的介入	379
至高无上的王权	381
以宗教兴　因宗教亡	386
王权独立的最后堡垒	390
生存的空间和生存的方式	393
对外交往——宗教、贸易与战争	403
藏族文化不可分割的一部分	409
永远的诱惑	411

后　记	413

神奇的阿里高原

SHENGQI
DE
ALIGAOYUAN

世界屋脊的屋脊

打开一幅彩色的中国地形图，青藏高原西部的颜色显得格外浓重，南边的喜马拉雅山脉，北边的昆仑山和喀喇昆仑山脉，夹在中间的冈底斯山脉，一齐向西北方向的帕米尔高原聚拢，好像一只大口袋被齐头绑扎了起来，连同西面的兴都库什山脉一起在周围形成一道道褶皱。地理学上形象地将之称为"帕米尔山结"。按照现在的行政区划，这一块属于西藏自治区的阿里地区，阿里地区分为 7 个县，面积约 34.5 万平方公里，相当于 3 个福建省大。这里虽然地域广阔，却人烟稀少，常住居民只有 11 万多人，平均海拔超过 4500 米，被人们称为"世界屋脊的屋脊"。

稍懂自然地理的人都知道，东西迤逦 2400 公里的喜马拉雅山脉，横阻在广袤的印度平原和辽阔的青藏高原之间，造成南北两边截然不同的气候和环境。印度平原河流纵横，雨水充沛，植物茂盛，人口密集，

荒原上奔跑的藏野驴

班公湖

夏季牧场的帐篷

自古就是人类生息繁衍的理想之地；青藏高原干燥寒冷，氧气稀薄，地广人稀，大多数地区属于山地或荒漠草原地貌。阿里地区尽管自然环境恶劣，但并不是人们所想象的那种生命禁区的景象。一望无际的荒漠草原和高低起伏的山峦间，常常可以见到成群结队的藏野驴、藏羚羊、黄羊在奔跑，三五成群的岩羊则盘桓在陡峭的山坡或山巅。惯于独行的狼、狐和雪豹四处游荡，寻找猎物。喜马拉雅旱獭、鼠兔总是匆匆忙忙地从一个洞口跑向另一个洞口，警惕地张望四周。

札达县达巴乡夏季牧场

神奇的阿里高原

夏季到来，河谷湿地里偶尔有姿态高雅的黑颈鹤引颈鸣叫，在湖泊和河流中觅食的赤麻鸭、棕头鸥、斑头雁会在水面上聚成一片。喀喇昆仑山南侧狭长的班公湖平日里波澜不兴，湖面如镜，湖里有座小岛，每年夏季会集聚成千上万只的候鸟在这里产卵哺育，是世界上海拔最高的鸟岛。

千百年来，阿里地区的藏族民众过着游牧或者半农半牧的生活。革吉县、改则县、措勤县被称为"东三县"，是"羌塘草原"（"羌塘"，藏语意为"北方的平地"）的一部分，属于游牧地区，牧民们骑着马，赶着牦牛、犏牛（牦牛与黄牛杂交产生的后代）、山羊、绵羊随着季节转场，逐水草而居，牦牛的背上驮着他们所有的家当。就连革吉县的县委、县政府20世纪60年代初也是在帐篷里办公的。现在不同了，多数牧民都有了摩托车和皮卡车，往来于夏季牧场和冬季牧场时更为便捷。阿里地区南部的象泉河、孔雀河流域自古就有灌溉农业的传统，牧民基本定居，半农半牧。一到夏季，男人们赶着牛羊去往更高处的夏季牧场，他们搭起黑色的牦牛毛编织的帐篷放牧，等到深秋才返回河谷里的村庄。女人们在村子里耕种农田，种植青稞、豌豆和油菜，照顾老人，养育孩子。

阿里高原还是4条大河的发源地，它们分别是狮泉河（森格藏布）、象泉河（朗钦藏布）、马泉河（当却藏布）和孔雀河（马甲藏布）。发源于冈底斯山的4条大河因为孕育了青藏高原和印度平原上的两个古老文明，受到了人们的尊崇。我们可以很容易地在地图上找到这些河流的走向：象泉河穿过札达盆地向西北流入印度，被印度人称为萨特累季河；狮泉河向西流经克什米尔，成为著名的印度河的源流；马泉河则是流经西藏腹地日喀则、山南、林芝的雅鲁藏布江的源头，最终汇入恒河；孔雀河是恒河支流哥格拉河的上游。这4条河殊途同归，最终都注入了浩瀚的印度洋。从这4条江河的名称来分析，其命名很可能与佛教的五方佛有关，五方佛的中央毗卢遮那佛是狮子座、东方阿閦佛是象座、南方宝生佛是马座、西方阿弥陀佛是孔雀座、北方不空成就佛是金翅鸟座。若果真如此，这4条河的定名，应当不晚于佛教传入西藏的7世纪。

神山圣湖

　　横空出世的喜马拉雅山脉集中了世界最高峰珠穆朗玛峰和世界上其他10余座8000米以上的高峰，是所有登山探险者终生向往的圣地。鲜为人知的是，在藏传佛教、原始本教、印度教、耆那教中，神山并不在喜马拉雅山脉，而是其身后的冈底斯山。宗教信徒心目中的冈底斯神山，特指冈底斯山脉的主峰——海拔6656米的冈仁波齐峰。"冈仁波齐"在藏语中意为"雪山之宝"，是一个神圣而又美丽的名字。山的上半部终年积雪，在群峰中卓然而立，从南面望去，犹如坚实的金字塔，即使第一次走过它面前的人也能够从重峦叠嶂中一眼将其认出。喜马拉雅山南北两侧的古代居民都曾用自己特有的语言对这座神山发出由衷的赞美，创造出许许多多与之相关的神话并世代流传。

　　佛教传入西藏之前，人们普遍信仰的是一种万物有灵的原始宗教——本教。在后来成文的本教经典中记载着冈仁波齐山最初的传说：神山上居住着360位神灵，天上地下、世间万物都在他们的掌管之中，日月星辰、山川河流、树木花草以及所有生灵都在他们的关照下有序运转，繁衍生息。处于蒙昧之中的人们常常出于无知而触怒神灵，于是一场场灾难便降临在雪域高原。惊恐无助的人们焚烧松柏枝，让青烟直达九霄（藏族同胞称之为"煨桑"），贡献出自己赖以生存的牛羊，呼喊着神灵的尊号祈求宽恕和帮助。他们希冀神灵能赐给人间一位智者，教化人民，传达神的旨意，让人们永受神的庇护。本教祖师敦巴辛饶应运而生，从天上降落在冈仁波齐山，在山上的洞窟中苦修，获得了法力和沟通神人两界的能力，从此冈仁波齐山就成了本教的神山。公元7世纪佛教传入西藏后，旷日持久的佛本两教之争中，冈仁波齐山又成为佛教圣地。佛教徒们将此完全归功于西藏历史上一个传奇人物——米拉日巴尊者。相传同在冈仁波齐山修行的佛教徒米拉日巴和本教徒那如本琼为了给自己信仰的宗教争得神山的所属权，展开了一系列激烈的比赛，决定胜负的关键一局是看谁能在2月15日那天清晨首先登上冈仁波齐山的峰顶。2月15日这一天，精通本教巫术的那如本琼在天色未明时，就跨上他神奇的鼓腾空而起，向山顶飞去。此时的米拉日巴正稳坐在修行洞中为弟子讲经，急不可耐的弟子催促师父尽快出发，师父不为所动。当太阳即将升起时，米拉日巴才走出洞口，乘着旭日的第一道光芒抵达山顶。怀着必胜信心的那如本琼飞升到山顶，只见微闭双目的米拉日巴身披朝霞端坐在冰雪之巅，惊吓之中，连同胯下的神鼓一起滚落山下，在山峰南侧留下一道至今可见的垂直沟槽。传说毕竟是传说，不过根据西藏历史文献记载，至少在13世纪时，佛教直贡噶举派开始掌管冈仁波齐山，定期指派神山法主来主持教务，数代古格国王都曾经作为大施主供养神山法主。但本教始终没有放弃对神山的顶礼膜拜，时至今日还可以看到围绕神山做逆时针方向朝礼的本教徒，而佛教徒则沿顺时针方向环绕朝礼。

古印度的耆那教教徒把这座神山叫作"阿什塔婆达"，意即"最高之山"。据说耆那教的创始人瑞斯哈巴纳刹就是在这里获得解脱，达到了大悟。印度教教徒则称冈仁波齐山为"凯拉斯"，他们认为印度教诸神中法力最大的湿婆神和他娇小的妻子帕尔瓦蒂长居于此。传说山坡上留有湿婆的足迹，山下的神湖玛旁雍错也可以看到乌玛的身影。

神山冈仁波齐

冈底斯山与玛旁雍错湖并称为"神山圣湖","圣湖"夹在冈底斯山和海拔7694米的纳木那尼峰之间的阔谷地带,湖水波光粼粼,清澈见底。根据佛教的传说,湖中的圣水可以洗去罪孽,朝拜神山圣湖的藏族同胞在返回家乡时,往往要带回一壶洁净的湖水和亲友们分享。湖东侧有一座小寺院叫做"郭楚贡巴"(藏

圣湖玛旁雍错

语意为"洗罪门寺"），在湖水中沐浴过的人再进入寺院里祈祷、忏悔，清除罪孽会更加彻底。神山圣湖就像是东方的耶路撒冷，已经成为几种宗教的共同圣地。每年的 5 月至 10 月，语言不同、信仰各异的人们从远方络绎不绝地赶到这里，分别用自已的方式顶礼膜拜。或者环绕神山一圈一圈地去磕五体投地的"长头"，或者在山下树立起高耸的经幡柱，或者隐居山洞之中冥想解脱之道，或者走进清澈冰冷的湖水洗除罪孽。按照藏族的说法，每隔 12 年的藏历马年是礼拜神山的最好年头，转 1 圈相当于转 13 圈，一生的罪孽可以就此消除。

奇特的土林地貌

阿里地区最为与众不同的地貌景观既不是辽阔的荒漠草原，也不是连绵起伏的雪山，而是遍布札达盆地的土林。地质学上所称的札达盆地实际上是长达百余公里、平均宽度 30 公里的象泉河谷地，喜马拉雅山和阿伊拉日居山将整个谷地南北夹持，东西封口。盆地里的基岩上普遍覆盖着一层厚达数百米的湖相沉积层，象泉河北岸几十米高的峭壁成了天然的地层剖面，那里明显可以看出一层层交错叠压的砾石层和砂质黏土层，根据地质学的沉积理论，砂质黏土层是气候相对稳定时期的湖相沉积，砾石层是洪水泛滥时的河相沉积，相互交叠的这两种沉积地层正是千百万年来气候变化的见证。1985 年我们在考察古格故城的同时，地质部门正在进行一项具有重要意义的调查——"噶达克幅地质填图"，据说这是当时全世界地质图的最后一块空白。地质学家在中侏罗纪的基岩中发现了瓣

500万年前的札达盆地想象图（转引自《西藏人文地理》，邱衍庆绘）

札达盆地的土林地貌

鳗类动物化石，近些年来在上新世的沉积层中发现了三趾马腿骨、西藏披毛犀头骨、原始豹头骨、喜马拉雅原羊角、古菱齿象牙等化石。一位古生物学家用诗一样的语言给我们描述了当时札达盆地的景象：500万年前的一个清晨，当太阳从依比岗麦神山上升起时，札达草原苏醒了。万兽群集，嘶鸣欢呼，雪豹赞普站在高高的岩石上，开始巡视冰峰环绕的领地。

地质学家是这样表述土林地貌的：在干旱气候条件下，呈半固结状态、沉积厚度很大、具有水平层理的地层，在地质构造作用下持续抬升并经受强烈物理风化、暴雨冲刷及其水系的剧烈切割而形成的一种特殊地貌形式。科学的结论仅用寥寥数语就给我们揭示了这一地区的基本地质面貌和地质发展的脉络。正是由于札达土林的这种独特风貌，2005年，札达土林进入第四批国家地质公园名单。

亘古以来，象泉河及其众多支流将沉积土层冲刷切割出道道沟壑峡谷，从阿伊拉日居山上俯瞰札达盆地，峡谷与土林重重叠叠，一直绵延到恍如天边的喜马拉雅山下，凡看到如此壮阔景象的人无不为之震撼。几百万年的风雨像无所不能的雕塑大师把沉积土层侵蚀得奇形怪状，有些土山远远看去像是废弃多年的古城堡，不但有残垣断壁，还有佛塔和窑洞，走近一看才惊呼上当。有些像成排站立的武士，身躯伟岸，队列齐整，严阵以待。有些就像一群蹲伏待跃的猛兽或是狰狞恐怖的魔怪，让人心生畏惧。有些则像一场大火过后的森林，树桩林立，一片寂静凄凉。每当黄昏来临，夕阳斜照，前后密布的土林顶端被染上一层耀眼的金黄色，人们在峡谷中穿行时，眼前奇景迭出，变幻莫测，似乎有古老的精灵复活于山影之中。

古老的象雄文明

早在吐蕃王朝以前,地处西藏西部的阿里高原上就有了当地的古老文明,藏文文献称之为"象雄",汉文文献记作音译的"羊同"或"杨童""杨同"。古象雄人曾是怎样的一种生存状态?它的疆域包括哪些地方?我们所能见到的藏汉文献都显得语焉不详,而且抵牾之处甚多。一本权威的本教藏文文献记载:"象雄有里、中、外三部分。里象雄是在冈底斯山西面三个月路程之外的波斯至拉达克一带。这儿的甲巴聂查城中有两座山,山上有自然形成的密尊形象。木里桑拉又在此建却巴城,他在城中修得秘法,将人体大小的巨石定在空中,后来人们用土石垒了台基把巨石托住,这里有大小三十二个部落,后被外族占领。中象雄在冈底斯山西面一天路程之外,那里有詹巴南夸修炼地——琼隆银城,这是象雄国的都城,这片土地曾经为象雄十八王统治。因为这块土地东面和吐蕃接壤，有时受吐蕃的管辖。外象雄是以穹保六峰山为中心的一块土地，也称松巴精雪。包括三十九个部落和北嘉二十五族。有穹保桑钦、巴尔仓等寺庙和修炼的岩洞。"这样的记载让人感觉云山雾罩，只有中象雄一节稍显真实。其他不少藏文文献也都如此。这样的史料使得现在的学者们苦恼万分，研究工作的推进困难重重。

汉文史籍《通典》对羊同的记载极为简单：羊同有大小之分，其中的大羊同北面与昆仑山以北的于阗相接，东临吐蕃王朝的辖地，地广千里，多冰雪，兵力八九万。羊同人蓄着长发辫，身穿毛毡或皮衣，以放牧牛羊为生，所出的物产与吐蕃相同。他们没有文字典籍，用刻木结绳来记事，刑法非常严峻。羊同的王姓为"姜噶"，有四个大臣掌管国事，贞观五年（631年）曾向唐王朝朝贡。20世纪初，在敦煌藏经洞发现了吐蕃时代的古藏文文书记载的吐蕃历史，其中多次提到象雄。松赞干布为吐蕃赞普时征服了象雄王李聂秀，将其部落收于治下。其后很长一段时间，象雄人时叛时降，但终究辉煌不再，一些象雄的贵族也成为委身吐蕃王朝的忠实属臣。

藏文文献中记载的象雄还是西藏原始本教的发源

地，本教祖师敦巴辛饶在这里创立了最早的"雍仲本教"，象雄的本教大师据说在吐蕃早期就应邀到吐蕃"超荐凶煞"。象雄据传有成熟的文字体系，星象学和医学也很发达。可是时至今日，我们也没有找到任何吐蕃王朝之前的"象雄文"。

传说和文献中所记述的古象雄究竟是怎样一种文明状态？由于资料的匮乏，我们对其生活方式、生产方式、宗教信仰、文化艺术、对外交往等方面都没有最基本的了解。近二十余年，考古工作者经过不断的努力，发现了不少早于古格王国和吐蕃王朝的遗址、墓葬和岩画，从种种迹象分析，有理由认为它们极有可能是遥远的象雄时代的遗存。

考古工作者在阿里地区的札达县、日土县、革吉县、改则县等地先后发现了 30 多处岩画点，岩画多位于河流和牧场的近旁，画面大都是在崖面或石块上凿刻出来的，岩画所表现的主要内容是各种动物，其中也不乏放牧、狩猎、祭祀、战争、迁徙等多种场景。岩画中无论是动物还是人物都刻画得简单生动，尤其是种类繁多的动物更是惟妙惟肖，创造者对各类动物形象特征的准确把握和巧妙夸张使鹿、羚羊的机警灵活，牦牛的憨拙强悍，虎狼的凶猛敏捷等都跃然壁上。

任姆栋岩画

岩画中也有表现宗教活动的内容，其中日土县任姆栋一幅较大的岩画生动描绘了原始本教的祭祀内容：画面上部是一轮光芒四射的太阳、一弯新月和一对夸张变形的男女生殖器；中间有4个头戴鸟兽面具的人围绕着本教符号手舞足蹈，人物侧上方是一条首尾相接成圆环形的鱼，人物下侧有排列整齐的10个罐子；画面下方凿出密密麻麻的125只羚羊头和山羊头。参照本教文献我们对这幅奇特的岩画做出了这样的解释：高处的日月表现了对日神、月神的崇拜；男女生殖器是用来祈求牲畜繁衍、牧草丰盛的一种巫术工具；中间的4个人无疑是作法的巫师，围绕本教符号跳着具有巫术意义的舞蹈，陈列的一排盛有酒或食物的罐子是对神灵的供献；最下方的125只羊头很有可能是大批杀牲用于祭祀的写照。任姆栋岩画资料公布以后，许多研究本教的学者都把这幅岩画作为展现本教祭祀仪式的典型例证。日土县塔康巴岩画中有一幅场面宏大的岩画，画面中也有一位头戴羽毛的巫师，站在长方形的祭祀场中作法，旁边是数列行走的人群和牦牛。岩画内容表现的是一次大迁徙之前的祭祀仪式。

20世纪90年代以来，考古工作者陆续在札达县、噶尔县、日土县发现一些古老的墓葬。按形制结构，

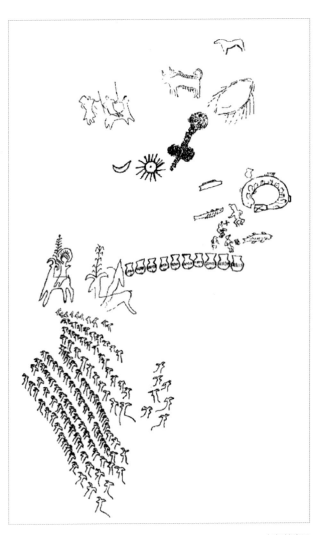

任姆栋岩画

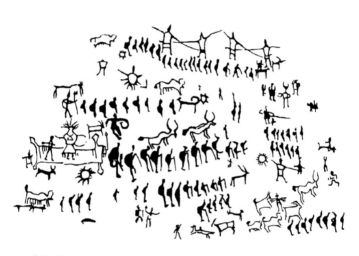

塔康巴岩画

考古学家将之分为土坑墓、土洞墓、石框墓和石丘墓等不同类型。1997年的春天,藏族同胞在噶尔县甲木乡一面山坡上采石,他们惊奇地发现了两个用石头垒起来的石框墓,里面堆放着人骨、兽骨、毛织衣物和铜钵。等到阿里地区文化局的干部闻讯赶到现场时,墓里的遗物已经被扰动得十分凌乱。散乱的人骨上还附着着干缩的皮肉,很像新疆一些地区出土的干尸。毛织衣物都成了破片,但仍然经纬清晰,一片深褐色的毛布片上织出横向排列的人骑大角羊的图案,很容易让人联想到流行于中亚地区的人骑兽纹的织物。两个铜钵经过长期使用多处破损,到处铆着铜皮的补丁。还有十几根削成尖头的短木棍,端头涂着红色,可能是使用巫术时所需的道具。

1998年,在札达县卡尔普遗址附近,放羊的孩子发现了被雨水冲出来的陶罐和骨头,当时我们正在托林寺做考古发掘,于是安排了几天时间前去那里调查。那个地方离公路还有四五公里,我们和藏族工人背着工具、水、食物,跟着向导翻过沟壑,找到了3座残破不全的墓葬,清理出两座土坑墓和一座土洞墓。两种不同结构的墓里都随葬有数个羊头骨和陶器、木器,出土的陶器形制非常类似,夹砂红陶质,敞口圜底,

噶尔县甲木乡古墓出土的动物纹毛织布（宗同昌拍摄）

卡尔普墓葬出土的陶罐与羊头骨

主要形制为双耳罐和单耳带流罐，其中一件高达40厘米的双耳罐的颈部还绘有红色的竖条纹。土洞墓里有一具小木棺，如同一个四条腿的箱子，长度只有90厘米，被埋葬的人应当是蜷曲起来放进木棺里的。在墓里采取的木片标本后来送到北京大学做了放射性碳十四年代测定，令人吃惊的是这个墓葬竟然距今已经2650年，因为墓中同时出土的还有残铁器，如果年代无误，那么西藏出现铁器的时间几乎与中原地区一样。由此证明西藏西部早期文明发展的水平以前是被低估的。1999年至2001年期间，四川大学考古系和西藏自治区文物局在札达县皮央·东嘎遗址附近发掘了一批墓葬。墓葬分布在相距不远的3个地点：朗布钦、萨松塘、格林塘。这批墓葬有石丘墓、土坑墓和土洞墓三种形式，出土有各种陶罐、陶钵、陶杯和木器残片，甚至还发现一件具有北方草原文化特征的青铜短剑。墓葬出土木片的碳十四年代测定显示，墓葬年代在距今2100年至2700年之间。

2004年，更加惊人的发现在噶尔县门士乡的本教寺院——故如甲木寺附近出现了。一辆给故如甲木寺运送货物的卡车在寺院门口一侧倒车，后轮陷进了一个土坑里，随后人们发现这个土坑下面竟然是一个大空洞，好奇的僧人下到这个洞里，发现有人骨、马骨、木碗、铜钵、陶杯、丝绸等物，丝绸残片上看得出有鸟兽图案和汉字"王侯"字样，可以确定是汉晋时期中原或南方的织锦。正式对这个墓地进行发掘是在 2012 年，中国社科院考古研究所和西藏自治区文物保护研究所联合组队在故如甲木寺门前持续发掘了三年，共发现十一座墓葬。墓中出土的义物有陶器、木器、铁器、铜器、丝织品、人面金片饰等，测定墓葬年代为公元 1—2 世纪前后。与此同时，札达县城西侧的坡地上在施工时发现了两座古代墓葬，墓葬中除了出土大量陶器、木器，还出土一件金面具，这件金面具使用金片錾刻制成，大小与人面部大小相仿，椭圆形的面部刻着细而长的鼻梁，两眼圆睁，头戴一顶奇特的冠，冠上刻有雉堞（城墙垛子）纹样，穿插刻有羚羊、鸟等动物形象。类似的金面具在尼泊尔北部木斯塘、印度西北部、吉尔吉斯斯坦都曾有过发现。最近几年，在札达县城西侧的这两座墓葬附近又陆续发掘了六座墓葬，墓葬是典型的土洞墓，作为墓室的土洞与遍布札达盆地的古代窑洞形制如出一辙，平面是圆角长方形，顶部圆拱，周壁开凿有大小不一的壁龛。这些墓葬中出土了大量陶器、木器、草编器物和

故如甲木墓地出土的"王侯"纹织锦

曲踏墓地出土的金面具

铁镞、铁匕首、玛瑙、玻璃串珠等物，其中有一件藏族同胞称之为"天珠"的蚀花玛瑙管状珠，这是在西藏境内首次发掘出土的珍贵文物。根据墓葬出土文物的放射性碳十四年代测定，证实墓葬的年代为公元前1—3世纪。这些重要发现为探索西藏西部古老文明提供了极为珍贵的实物资料，故如甲木墓地和曲踏墓地的发现被评为2015年度"中国考古十大新发现"之一。

1998年，我们在象泉河北岸发现一段存留在悬崖崖壁上的引水渠道，这个渠道形制比较特殊，站在远处看到的只是一排基本水平、大小相若的洞窟，洞与洞之间相隔十几米，只要钻进其中一个洞就会发现这些洞全部被一条渠道串联在一起，渠道高2米，宽0.6米，刚好容一人通过，底部有厚厚的砂层，明显是多年流水沉积下来的，一串通向崖壁外的洞口应该是开凿时出土和采光所必需的。这条渠道是什么人、什么年代修造的，至今还是一个谜。在当时的情况下，这个工程耗时耗工，难度也非常大，如果没有特别的需要，断然不会有这样的渠道存在。这条暗渠废弃得很早，一部分主体被后来的人们所利用，扩展为居住的窑洞，窑洞具有古格王国时期的特征，因此推测暗渠至少是古格王国以前的遗存。

有关象雄文明的考古发现虽然不多,能得到的信息也极为有限,但古老象雄文明的神秘面纱已经开始被轻轻揭开,这再一次证明了用考古学手段探索古代文明的可能性。

探索阿里高原秘密的人们

早在公元前,已经有一些关于阿里高原的怪诞传说被记载到文献中,希腊的历史学家希罗多德撰写的史书和印度史诗《摩诃波罗多》不约而同地提到在印度以北的高原上产出一种"蚂蚁之金",说是有大如狐狸的蚂蚁在冬季时像鼹鼠一样掘土挖洞,掘出的土在洞口堆积成一座座小土堆,土中含金砂和金粉,稍加冶炼便可得到成色很好的黄金。那个时候大概没有一个西方人去过西藏,所有的讲述都是道听途说而已。元代时来到中国的马可·波罗同样是根据传闻记述了"吐蕃州"的情况,他对流行于吐蕃州的巫术很感兴趣,从他描述的情况来看,那应该是原始本教的巫术。

根据现存资料,最早来到阿里高原的西方人是两个葡萄牙籍的传教士。1624年,安东尼奥·德·安德拉德和玛努埃尔·马克斯从印度果阿出发,翻越风雪弥漫的玛拉山口,到达古格王国都城札布让。他们心怀坚定信仰，准备传播上帝的福音，谁都没有料到他们会成为古格王国灭亡的导火索。在后面讲述古格王国历史时还会详述他们的经历。他们的往来信件和所做记录成为西方了解阿里高原和古格王国晚期历史最珍贵的资料。

1820年初，一个名叫乔玛的小个子匈牙利人步行向东方出发，年近40岁的乔玛此行目的非常简单，他坚信匈牙利语与西藏边陲一个游牧民族的语言有某种联系，他想搞清这两种语言之间到底是怎样的关系，这时他已经具备了掌握东西方十几种语言的坚实基础。两年后，乔玛在古格王国的近邻拉达克王国遇到一位英国探险家，探险家使他改变了初衷，决心学习藏语，然后编纂一本藏英辞典。他在古格与拉达克交界的小寺院里一待就是8年，完成了辞典的编纂。这是第一部藏语与西方语言的辞典，由于这部辞典，乔玛被认为是西方研究西藏的鼻祖。乔玛的主要贡献在于对藏语和藏文佛经的翻译，他也曾想深入西藏腹地，了解更多关于西藏的学问，但最终没能如愿，客死于锡金。

一个世纪之后的1906年秋冬之际，瑞典探险家斯文·赫定带着一支庞大的队伍（确切的人数虽无明确记载，但提到随行的马就有77匹）再次翻越喀喇昆仑山进入西藏西部，在这之前他两次试图进入西藏的举动都失败了，这次旅程对斯文·赫定而言同样是艰难之旅，用他自己的话说"一直与死亡为侣"。斯文·赫定是一个意志坚定、目标明确而又经验丰富的探险家，对于这次旅行的目的，他在《亚洲腹地旅行记》里说："逼近这片未知地，连带发现印度河的发源地。我自负要除去西藏地图上'尚未考察'这等字眼，给山脉、湖沼和河流记上原有的真名。"他向东行进时走的是阿里北部羌塘高原一线，一路上测量山的高度、湖的深度、寻找河流的源头、采集标本、绘制地图，一直行走到日喀则。然后又从南线折回，经过阿里的普兰县、噶尔县，出札达县到印度。斯文·赫定此次探险考察把对自然地理的考察作为重点，较少着眼于人文地理和西藏历史遗迹。

1912年，英国人麦克沃斯·杨假道印度，深入象泉河谷地，探访了古格故城和托林寺，返回之后撰写了《到西藏西部的托林和札布让的旅行》一文，发表在印度旁遮普历史学会杂志上。由于没有见到原文，对他这次探访我们无几所知。我们只能从一篇研究文章的引文中见到只言片语。

意大利学者古瑟普·图齐作为训练有素的考古学家,从 1928 年至 1948 年前后 8 次深入西藏西部和中部进行科学考察,其中对阿里地区古遗迹的考察和研究着力最多,札达县、噶尔县古遗址、古寺院大都留下了他的足迹。图齐在语言、历史、宗教等方面有着极好的学养,后来撰写的七卷本《印度—西藏》(已有中文译本《梵天佛地》)《西藏的奥秘》《跨喜马拉雅的古代文明》被认为是西藏考古研究的开山之作,他本人也被西方尊为西藏考古的泰斗。特别是《印度—西藏》丛书的第三卷第二册即为《札布让》,也就是古格故城遗址。书中详细介绍了城址现存的几座重要佛殿的壁画和雕塑,如胜乐殿(坛城殿)、金刚怖畏殿(大威德殿)、白殿、红殿、总管殿(度母殿),并有多幅照片记录了当时的状况。稍感遗憾的是,图齐最为关注的是藏传佛教的历史和艺术,对于城堡中的王宫、民居、碉楼、道路少有介绍。直到 1973 年,已经耄耋之年的图齐还在翘首东方,期待着中国考古学家在西藏的考古新发现和新的研究成果。

20 世纪 30 年代,中国国内曾经兴起过一个青藏高原科学考察的小热潮,植物学家刘慎谔、气象学家徐近之、地质学家孙健初等人成为国内进行青藏高原科学考察的先驱。其中刘慎谔的考察路线是越过昆仑山，经藏北和阿里羌塘高原到克什米尔，然后假道印度回国。刘慎谔的科学考察历时一年多，带回了2000多件珍贵的标本。

20世纪50年代初到90年代，青藏高原的科学考察进入了黄金时代，近半个世纪中各种专业的考察几乎没有中断过。70年代中国科学院组建的"青藏高原综合科学考察队"对青藏高原的地质、地貌、矿产、水文、气象以及野生动植物进行了大规模、全方位的考察，这次旷日持久的考察被誉为中国"科学考察的盛宴"。170多部科学考察报告和研究专著陆续出版，人们真正对青藏高原有了全面而科学的认识。

值得一提的是1958年八一电影制片厂拍摄的纪录片——《谷格（古格）王国的遗迹》，在这部不到10分钟的纪录片里，摄影工作者为我们留下了不少那时古格故城遗址的珍贵影像，从中我们可以看到遗址中随处可见的铠甲、窑洞中的铁锅和木碗、成捆的箭杆、完整的刀矛等文物。未能身临其境但独具慧眼的文物考古专家看到纪录片无不震惊，报请文化部，将古格故城列入国务院1961年公布的第一批全国重点文物保护单位。

1979年,西藏自治区和新疆维吾尔自治区的文物考古工作者联合组队,对古格王国故城遗址展开短期科学考察,这是中国文物考古工作者在阿里进行的第一次考古调查,1981年以调查简报的形式在《文物》杂志上发表了考察的初步成果,引起学术界对这个边陲古城遗址的注目,也正式拉开了我国阿里考古调查和研究的序幕。

1981年,西藏工业建筑勘察设计院组织专业人员对古格故城遗址和托林寺进行了测绘、调查,之后于1988年出版了《古格王国建筑遗址》一书,不仅从建筑学的角度介绍了考察成果,也对古格王国历史做了初步梳理。

1985年,西藏文物管理委员会组织了一支年轻的考察队(平均年龄29岁,我是队员之一)开进阿里,在4个月的时间内走遍了阿里地区的7个县,发现了一大批古代遗存。当时考察的重点是古格故城遗址,所以对故城的考察尤为深入细致,在一个半月的时间里大家分工协作,测绘了遗址的总平面图;对所有现存遗迹逐一登记、编号、记录;对所有佛殿、佛窟壁画、天花板彩绘做了全面拍摄和记录;核算了故城遗址的总面积、各种遗迹的数量,弄清了其性质和分布情况;

考察队到古格遗址的第一天,队员们正在抬发电机(宗同昌拍摄)

初步揭示出古格佛殿壁画中所隐含的丰富内容，并对古格王国时期的其他寺院遗址、城堡遗址和村落遗址也进行了初步考察。所取得的调查资料使人们对古格王国历史、文化、宗教以及阿里高原古文明有了新的了解。

1992年，西藏自治区文物普查进入"收官"阶段，西藏文物管理委员会下属的阿里文物普查队再次对阿里地区文物展开调查，在1993年出版的《阿里文物志》中收录的46个文物点，其中就有古格王国时期遗址15处。

近几十年来，对阿里的考古调查、发掘一直不断在进行，一个个重要的发现不断在增进和改变着人们对这一地区古代文明的认识。

阿里高原的一幕历史正剧

ALI GAOYUAN DE YIMU LISHI ZHENGJU

续写阿里高原历史的落难王子

古格王国的历史要从吐蕃王朝的崩溃说起。

公元838年,反对佛教的贵族韦·甲多热和他的同党杀死虔诚信仰佛教的吐蕃赞普赤热巴巾,拥立赤热巴巾的哥哥达玛继承赞普之位。在宫廷政变中登上王位的达玛迅速推行了一套毁佛灭法以维护部分世俗贵族利益的政策,捣毁寺院、焚烧佛经、驱逐僧侣,短短两年间吐蕃地区佛教几近绝迹。隐匿于荒远之地的僧侣们无不诅咒这个达玛魔王,称之为"朗达玛"(意为牛魔达玛),一心想将其除去。

公元842年,吐蕃赞普达玛遇刺身亡,标志着吐蕃王朝的崩溃,达玛因而也被称为末代赞普。其实在达玛身后还有过几任赞普,不过一个统一强大的吐蕃王国已经不复存在。攻占长安、雄霸丝路、征服南诏等一次次壮举都成了昔日辉煌。

实际上,吐蕃王朝崩溃的原因十分复杂,既有内部原因，也有外部原因，绝不仅仅是达玛灭佛那么简单。赞普与贵族之间的内讧、上层军事首领之间的火并、宗教与政治势力的冲突、频繁战争导致农牧生产的破坏、各部落的离心反抗，特别是与唐王朝、回纥、南诏军事较量的失利，使得吐蕃内外交困，动荡不安，最终将吐蕃王朝送上了不归路。

分裂从王室开始。达玛死后，他的正妃䌽氏当权，遗憾的是她膝下无子。这时次妃已怀了达玛的遗腹子，䌽氏深恐日后次妃所生之子将作为唯一继承人而无可争议地坐上赞普的宝座，便以布缠腰伪称有孕。后来次妃如愿以偿生下一个儿子，她时刻感到来自䌽氏的威胁，对其严加防范，连夜里也秉烛守护着儿子，并为他起名维松，意为"光护"。䌽氏将他哥哥尚延力的儿子乞离胡带到身边，声称为亲生之子，取名永丹，意为"母坚"。两妃各挟其子，借助贵族支持分别在云如、伍如两地称王自踞，双方混战持续30多年。这时其他贵族也趁机拥兵自立，战乱四起。活佛出身的西藏历史学家东嘎·洛桑赤列是这样描述这段历史的："大政权与小政权，众多部与微弱部，金枝与玉叶，肉食者与谷食者，各自为政，不相统属"，天灾与战乱并起，"地震裂，水泉涌，鼠食稼，人饥疲，死者相枕藉"。不堪欺压的河陇随军奴隶终于揭竿而起，多康、山南、工布、达布等地遥相呼应。用善于比喻的西藏史家的话说："喻如一鸟凌空，百鸟影从，四方骚然，天下大乱。"公元895年，奴隶起义军在娘若香波堡杀死了维松的儿子贝科赞，贝科赞之子吉德尼玛衮的领地又被永丹一派趁乱夺取，年轻的吉德尼玛衮被迫向西部荒远的阿里地区奔逃，古格王国的漫长历史由此拉开序幕。

吉德尼玛衮西行之路毫无开国创业的豪迈气概，反而充满了悲凉色彩，藏文史书《贤者喜宴》中描述：吉德尼玛衮赴阿里，临行前只有属僚尚·巴曹仁钦德和久若·来扎拉来二臣相送，到了切玛雍仲，巴曹仁钦德献上一件狼皮斗篷。《拉达克王统记》中追忆吉德尼玛衮前往阿里途中只有白马苏赞、空莫聂巴、阿嘎扎三人率领百余人的骑兵前后护卫，路途遥远，食物匮乏，随从只好呈上藏族传统忌讳食用的鱼。穷困潦倒一至于此。用意大利藏学家伯戴克的话来说："他只能算是一个出身高贵的冒险者，追随者并不多。"

被认为是尼荣红堡的普兰县噶尔东遗址

三衮占三围

此时的阿里,象雄十八王威震八方的时代已经过去,但席卷青藏高原的战火似乎还没有波及此地。象雄土王之一的布让王札西赞(一说是吐蕃旧臣同时也是象雄望族的没庐氏)接纳了落难王子吉德尼玛衮。曾经是吐蕃王朝臣属国的象雄遗民,对吉德尼玛衮所具有的吐蕃王族高贵血统以及他所代表的西藏腹地发达文明满怀仰慕,札西赞土王毫不犹豫地将女儿卓萨廓琼嫁给吉德尼玛衮,并让其继承王位。象雄土王最初的都城并非现在的古格故城札布让,而是布让(今普兰县)的尼荣红堡。绝处逢生的落难王子果然不负众望,重整旗鼓,逐步统治了西藏西部这片辽阔的地区。意大利藏学家伯戴克分析藏文史籍,推测这次大规模的扩张至迟发生在10世纪30年代。从这时起,西藏西部的这块土地开始被称为"阿里",也就是领地、领土及属民的意思。两支王室的血脉融合在一起,三个王子沐浴着高原的阳光长大成人了。步入老年的吉德尼玛衮做出了最后一个重大决定,将三个儿子分封三处,长子贝吉衮占据芒域,也就是后来的拉达克王国;次子札西衮统辖布让,他所统治的布让王国后被古格王国兼并;幼子德祖衮继承象雄故地,建立古格王国。布让位于现在的西藏阿里地区普兰县境,当时还包括尼泊尔西北部的一部分。封于象雄的德祖衮就是古格王国的开国赞普了。这就是西藏历史上有名的"三衮占三围"。所谓三围,是当时人们对三处封地的地理环境的形象化表述:芒域是湖泊(一说村庄)围绕的地方;布让是雪山围绕的地方;象雄是岩石围绕的地方。因此西藏历史上习惯将整个阿里地区为"阿里三围"。元代在西藏设置十三万户,称阿里为"纳里速古鲁孙",即阿里三围的藏语音译。

普兰风光

佛教的复兴

受封做了古格国王的德祖衮生有二子，长子柯日，次子松埃。这时战乱之后的西藏已有一些佛教徒开始复弘佛法，先是从西藏东部的康区兴起，逐渐向腹心卫藏地区发展，"善持佛教命根，使之死灰复燃，于西藏黑暗之州燃点明灯"。建国初期的古格王室一方面出于对吐蕃盛世佛教的怀念，一方面出于对新潮流的迎合，以笃信佛教、崇尚佛法为基本国策之一。对佛教怀有极大热情的柯日王子出家修行，取法名拉喇嘛益西沃（"拉"，藏语意为"天"，故又称天喇嘛益西沃），将王位让给弟弟松埃。他向全国颁布兴佛弘法的诏书："今弘教于上部阿里之地，欲使圆满妙善，乃颁弘法之诏。"亲自主持修建托林寺等一百余座寺院，选派仁钦桑布、勒白喜饶等天资聪慧的青年 7 人，各带 2 名聪明仆役，前往印度学习显密教法，其中 19 人因不适应印度平原的湿热气候而客死他乡，

斯皮提的塔博寺

只有仁钦桑布、勒白喜饶学成返国。同时，他们还请来了夏达噶惹哇玛、白玛噶古巴达等几位印度高僧。仁钦桑布、勒白喜饶两人对古格佛教的发展起到了关键作用，仁钦桑布在托林寺潜心翻译经典，开课授徒，被后世称为"洛钦"（大译师），勒白喜饶被称为"洛琼"（小译师）。有研究者统计，仅由仁钦桑布翻译、校订的佛教经典就有158部之多，其中包括显教经典17部、密教经典108部、论33部，为藏传佛教后弘期诸译师之首。他的弟子不仅来自阿里，也有来自卫藏地区（拉萨、日喀则、山南地区）的，其中就有萨迦派第一个祖师衮噶宁波。仁钦桑布在11世纪初的一段时间里，在古格王室的大力支持下广建寺院，据载共计有108座大大小小的寺院，除了阿里的普兰、札达、噶尔，远在西喜马拉雅的拉达克、斯皮提也有不少，其中就包括著名的阿奇寺、塔博寺等古老佛寺。

到第四代古格国王沃德时，年迈的拉喇嘛益西沃还在为弘扬佛法四处奔走，当时寺院中关于密宗的教义和仪轨杂乱无章，令僧侣和信徒无所适从，拉喇嘛益西沃决定筹借更多的经费，前往印度迎请高僧阿底峡。当他行经信奉伊斯兰教的噶洛国时被当地人俘虏，噶洛王劝说他放弃佛教改宗伊斯兰教，他坚拒不从。

托林寺白殿的益西沃像
（浙江大学文化遗产研究院提供）

噶洛王命人以火炙烤他的头颅，想使之愚痴。古格王沃德闻讯，立即派人携财宝前往噶洛国赎取拉喇嘛益西沃。噶洛王提出的条件非常苛刻，要求交来与拉喇嘛益西沃身体等重的黄金。沃德在全国上下四处搜求，让出家当了喇嘛的兄弟降曲沃携黄金前往噶洛国，称量时仍差大约与头部等重的黄金。白发苍苍的拉喇嘛益西沃对侄孙降曲沃说："我的命门已被炙毁，犹如畜生，不要再为我费心，速将赎取我的黄金带往印度迎请阿底峡尊者，请尊者到古格弘传佛法。"之后，拉喇嘛益西沃被害，遗体被运回古格，安置于塔中。这段可歌可泣的事迹，是所有西藏佛教史学家所津津乐道的，但《仁钦桑布传记》却记载拉喇嘛益西沃病逝于托林寺，法体被供奉在塔中。甚至有一些学者认为，这个事件是后来的佛教史撰写者有意编造出来的，用以神化这位佛教复兴的领袖。无论拉喇嘛益西沃是如何逝世的，并没有影响古格王室对佛教复兴的热情，一座座新的寺院在各地建立起来。

1042 年，印度摩揭陀国超岩寺的上座高僧阿底峡已年逾六旬，有感于拉喇嘛益西沃的舍身求法和古格朝野的诚意，毅然决然地随古格使者翻越喜马拉雅山来到千里之外的古格王国托林寺。早在第二代古格王时就蜚声阿里的大译师仁钦桑布以85岁的耄耋之身拜阿底峡为师，可以想见古格佛教徒对阿底峡的尊崇。来到古格的阿底峡致力于教理的系统化和戒律、修持的规范化，撰写了《菩提道灯论》，为藏传佛教提供了新的哲学基础，对西藏佛教的发展产生了深远的影响。3年之后，阿底峡又被仲敦巴迎往卫藏地区传法，1054年示寂于拉萨附近的聂唐寺。

1076年是藏历的火龙年，由古格王赞助在托林寺举行纪念阿底峡尊者的大法会，西藏各地的僧人和信徒都赶去参加，法会后奔赴印度取经求法的僧人达百余人。这次法会掀起了西藏佛教复兴的第一个高潮，历史上称之为"火龙年大法会"。古格王国也因之成为"上路弘法"的最初根据地。

2014年至2015年，湖南省文物考古研究所在孟加拉国的毗克罗普尔发掘了一座规模巨大的宫殿和佛教寺院遗址的局部，据研究，这里正是阿底峡大师的出生地。藏文经典记载阿底峡出生地："东方萨霍尔殊胜地，坐落一座大城镇，名叫毗扎马普热，城中便是大王殿,宫殿辉煌宽广,人称金色胜幢宫。"1978年，阿底峡尊者的一部分灵骨舍利从西藏聂唐寺被迎请回故乡，至今供奉在孟加拉国首都达卡的达玛拉吉卡寺。

供奉在孟加拉国达玛拉吉卡寺的阿底峡灵骨

一段扑朔迷离的历史

在现有记载古格历史的藏族史书中，第九代古格王那德（或称那噶德）之后直至古格中后期这段历史时期，史料缺乏，史实模糊，这让许多研究西藏中世纪史的学者大伤脑筋。但藏文史籍中几乎均记载了那德的继承者赞秋德去了亚泽并统治那里，意大利藏学家伯戴克认为"那德之后，亚泽的国王们显然维持了对古格和布让某种程度上的宗主权"，"在一些年代里，亚泽似乎是喜马拉雅地区最高权力的拥有者"。之后，古格王系在西藏史学家的书中往往以"继某王之后是某王"来表示，没有时间和地点。自从藏文产生以后，文化教育一直是少数贵族和僧侣的特权，撰写历史典籍的工作的往往由僧侣担任，因而使得大部分史书内容都成为宗教史，而不是王国的编年史。他们认为一个国王在位期间发生的重要事件无非是对寺院、圣山的布施，对寺院修建、佛像塑造、经典翻译以及佛事活动的支持，而对于政治制度、战争、贸易往来、民俗物产等方面或是置若罔闻，或是简简单单地一笔带过。

被后人奉为西藏经典史书的《西藏王统记》在记述到第九代古格王那德之后，便中断了古格王世系，只有在《直贡世系》《圣山志》《拉达克王统记》中才能找到一些零星的记载。根据《拉达克王统记》，大约在 1150 年之前的一段短暂时期里，拉达克王喇钦乌德巴拉曾经占领了古格、普兰，但仍然保留了古格的王系。12—13 世纪，古格王室在王位继承权上产生矛盾，分裂为两个相互敌视的政权，皮央·东嘎曾一度成为与古格都城札布让分庭抗礼的政治势力中心。1268 年至 1368 年期间，元朝中央政府在西藏设立十三万户，萨迦政权曾向阿里派遣都元帅，管理阿里三围事务，但没有证据表明元朝廷曾对古格王国实施有效管理。只知道他们在玛旁雍错设立了驿站。13 世纪至 16 世纪，直贡派作为圣山冈仁波齐的法主，曾数次接受古格王的布施，其中提到 6 个不同时段古格王的名字。16 世纪上半叶古格王吉丹旺久采取和亲政策，将女儿嫁给拉达克第 21 代王甲央朗杰。16 世纪下半叶，拉达克王才旺南杰曾发动对古格的战争，古格王国一度成为向拉达克进贡的属国。我们能够知道的这一段古格历史仅仅有这些不相连贯的国王名字和事件。

但较多的宗教事件在一些藏文佛教文献中得以保存。1339年布顿大师给当时的古格王写信，请求他依照拉喇嘛益西沃和仁钦桑布的榜样保护佛教。15世纪20年代，宗喀巴弟子之一的阿旺扎巴回到故乡古格，在古格王室的支持下传播格鲁派（黄教）教义，不但使古格王国最主要的寺院——托林寺改宗格鲁派，还建立了一些新的寺院，并在东嘎寺担任堪布（住持），举行大规模的宗教仪式。16世纪后半叶，当时古格国王的弟弟协饶沃色担任古格最重要的几座寺院的堪布，如洛当寺、芒囊寺、多香寺、香孜寺等。17世纪初，古格国王赤·南杰扎巴桑波和他的伯父拉尊邀请一世班禅访问古格，此事成为日渐没落的王国最后的辉煌。

西方传教士的到来和古格王国的覆灭

当历史翻到17世纪这一页时,一切都变得清晰了。由于几位西方传教士的文件、信函、游记被大量保留下来,使得古格末期成为整个王国史中我们所知道的最为详细的一段。

17世纪以前,天主教耶稣会已经在印度的许多城镇建立起教会,西海岸的果阿就是这样一个城镇。这里的主教听说了在卧莫尔人中流传的一种说法:喜马拉雅山北面不知名的地方曾经有过天主教的传播,并且还保留有多年前"福音"传播的遗迹。于是主教决定派遣葡萄牙籍神父安东尼奥·德·安德拉德和修士玛努埃尔·玛克斯前去察访。他们历尽艰险,翻越海拔5700米冰雪覆盖的玛拉山口后,又在荒无人烟的陌生土地上长途跋涉十几天。1624年8月初,他们终于来到古格王国的都城札布让。

这时的古格王赤·扎西查巴德已过了不惑之年,

面对这两个深目高鼻的白种人充满了好奇但又深怀戒备。当安德拉德和玛克斯向古格王呈上随身带来的礼物,并且通过三道翻译说明他们不远万里而来是出于对宗教的虔诚信仰,是为了传播主的福音之后,国王转而表现出极大的兴趣,留他们住下并允许他们在都城内外随意走动。接下来的一段时间,安德拉德一方面寻找一切机会向国王讲解天主教的教义,一方面观察了解古格王国及周围的情况。到了11月,天气已经转冷,安德拉德决定返回印度果阿汇报情况,并请求增派传教士来古格王国建立教堂,开展传教活动。

在讲述这段历史时,应该注意到古格国王对传教士的支持态度,是在一个特定历史背景下作出的选择。西藏腹地早在元代就发展形成的政教合一制

传教士安德拉德肖像(王郢绘)

度,使古格上层喇嘛对政权产生了越来越浓厚的兴趣。1622年即位的赤·扎西查巴德已经明显感到以其兄弟

为首的喇嘛集团的威胁，所以开始有意识地在多方面限制喇嘛的权力。就在这个时候，传教士们来到古格。国王面临着重大的抉择，要么拒绝外来宗教，全力缓和与喇嘛之间的矛盾；要么利用天主教压制佛教，以此达到巩固王权的目的。国王显然选择了后者，他无论如何也没有想到，这个选择将给王国带来一场灭顶之灾。

1625年8月，安德拉德同玛克斯带着另一位传教士重返古格，在学习一段时间的藏文之后，开始向王室和百姓传教。接下来的两年时间里，札布让城堡里建立了教堂；从印度果阿增派的3名神父也抵达古格；国王夫妇开始到教堂听讲教义，几位王室成员先后接受了洗礼；传教士们在札布让以北200公里的日土建立了教会站；军队出征前改由传教士进行祈祷，而不是像以往那样由喇嘛主持祈祷。

在国王的支持下，天主教的传教活动迅速发展，引起了喇嘛和很多民众的不满。传教士们刚到古格王国不久，国王的兄弟等高层喇嘛就曾规劝过国王"不要追随这些陌生人而背弃先辈传下来的古老信仰"，还请国王到城堡下的寺院小住一段，企图通过寺院的诵经、默想和佛事活动来恢复他对佛教的感情，国王对此无动于衷。由于喇嘛的暗中抵制和古格百姓对外来宗教的怀疑与排斥，传教活动变得困难重重。虽经传教士们多方努力，两年多内接受洗礼的也只有12人，而且基本上都是王室成员。国王不得不向喇嘛集团采取强硬措施，先是剥夺了他那位喇嘛首领弟弟的所有庄园租税收入，接着又宣布，如其再不收敛，将把他身边服务的奴仆、士兵也全数收回。矛盾已经激化，国王的弟弟也向国王发出警告：这种局势若再继续发展，必将触怒大多数贵族、平民和所有喇嘛，他们可能采取反抗行动。规劝和警告都未能使国王赤·扎西查巴德回心转意，他甚至计划采取最终摧毁喇嘛集团的措施——令全部喇嘛还俗。消息不慎走漏，这些佛门弟子被彻底惹恼了，早就对传教士们的傲然气派以及为建立教堂拆房改道等做法心怀不满的贵族和平民，与喇嘛们结成了统一战线，只等时机成熟反戈一击。

1630年夏季，安德拉德奉命返回印度就任果阿省耶稣会会长，留守古格的5位传教士已经感到气氛紧张，明显减少了活动。恰巧这时国王也患病不起，喇嘛集团和地方贵族趁机发起暴动，并且请求拉达克王派兵支援。这时的拉达克王僧格朗杰与古格王曾因儿女婚姻问题闹过矛盾，而且也发生过领土纠纷，还有由来已久的教派分歧。拉达克王立即抓住机会亲自率兵进军古格，札布让城堡被围得水泄不通。忠于古格国王的军队居高临下，顽强抵抗，再加上城堡有坚固的防御工事和充足的储备，拉达克王攻打了一个多月城堡也没有被攻下。此时古格王身患重病，感到大势已去，便主动提出议和。古格王的弟弟与拉达克王设下圈套，宣称只要古格王率王室成员走出城堡，像臣属那样将贡品呈给拉达克王，拉达克便很快撤军。结果古格王与王室成员一出来便被全数抓捕，紧随其后的王室卫队发觉上当，边抵抗边撤回城堡，卫队又坚持了一段时间，后来突围转移到后藏地区，城堡被劫掠一空。古格王室成员被押解到拉达克首府列城，再也没有回去。紧接着古格所属的达巴、噶尔、日土等地相继失陷，拉达克王任命儿子恩扎普提朗杰为古格领地的统治者，古格王国700年的历史至此终结。

1680年，第五世达赖喇嘛从遥远的卫藏地区派遣噶丹策旺率领军队来到阿里，将拉达克人驱逐出境，并且乘胜追击攻打至拉达克首府列城，使拉达克臣服于噶厦政府，噶厦继吐蕃之后再一次将阿里高原纳入藏族统一政权的管辖之下。达赖喇嘛的噶厦政府在收复阿里后设立了札布让、达巴、日土、普兰四个宗（相当于县），宗本（相当于县长）和其他官员都由拉萨方面派遣。虽然在古格故城山下设立了札布让宗以行使对此地的管辖权，但人去楼空的古格故城还是没有逃脱逐渐沦为废墟的命运。

雄伟的古格故城

XIONGWEI DE GUGE GUCHENG

故城遗迹知多少

300多年过去，当人们再一次关注古格故城时，历经沧桑的城堡废墟仍在默默地等待，等待着述说那段早已被人遗忘的历史。

古格故城距离现在的札达县城18公里，距离最近的村庄札布让村仅1公里多，夏季的象泉河汹涌奔腾，从札布让村北侧流过。城堡所在的土山像一个半岛，从背后连绵不断的土林山梁中凸伸出来，南侧狭窄的连接部分被最初的营造者们下挖成40多米深的沟堑，使土山的上半部分彻底成为一座孤岛。站在山顶可以看到土山的东西两侧都是令人目眩的深沟，东边的沟里长着茂盛的牧草和稀疏的灌木丛，有几眼终年不绝的泉水缓缓流出，应该是当年城堡居住者的主要水源。西边的山沟直通群山深处，两侧崖壁陡峭，沟底是平缓的砾石滩，像一条通衢大道，雨季偶有洪水冲下。东侧悬崖下有两个流量很小的泉眼，泉眼周

古格故城遗址所在的札达盆地

围凝结着硫磺华和钙华,说明这眼泉水并不适合饮用。

整个城堡遗址内的地形非常复杂,山包、断崖、沟壑、台地、土梁、缓坡都有,从东侧的沟底至山顶的高度差达170多米。建筑遗存主要分布在土山的东、北两侧山腰和山顶的台地上。山顶台地的地势起伏不大,受面积的制约,建筑比较密集,也基本上没有体量较大的建筑;山腰的建筑群受地形限制,布局较为混乱,高低参差不齐,错落驳杂如同迷宫;山下北部开阔的缓坡地带基本没有房屋建筑,只是散布着几条防卫墙而已;东侧沟对面的平地上有较为集中的寺院建筑遗迹,佛殿、佛塔、僧舍形成一个完整单元。根据1985年全面调查的统计数字,城堡遗址残存有房屋、殿堂遗迹445座、窑洞879孔、碉堡遗迹58座、佛塔或残塔基28座。300多年的人为破坏和自然破坏,王宫、议事厅、民居、僧舍、碉堡等建筑全都成了断壁残垣,高低起伏,交错连接。窑洞虽有一些坍塌、淤堵,大多还都保持着原有的形制。保存最好的是5座佛殿,墙体、木结构的梁柱、屋面基本完好。

古格故城全景

山顶上的王宫

城堡山顶平台的平面形状弯曲成一个不太规整的"S"形,南北长210米,最宽处只有70米,四周全部是悬崖峭壁,险不可攀,只能通过一条曲折幽暗的登山隧道才可以抵达山顶,隧道内坡度极陡,只能踩着在生土上挖就的阶梯拾级而上。山顶周围临崖边环绕一圈用夯土或土坯砌筑成的防卫墙,居高临下,东西两侧的山谷及北面的开阔地以至象泉河都可以尽收眼底。

山顶王宫区平面图

王宫区的建筑遗存明显可以分为南、中、北三组，一条两米宽的道路紧靠西侧的悬崖连接南北。南部的一组建筑就是古格王国最高统治者居住和处理政务的王宫建筑群。建筑群的中心是一间面积达340平方米的大厅，按照大型藏式建筑的柱间距来推测，原来大厅里应当竖立着分为5排的30根柱子。因为早已没有了屋顶，只剩下一圈近乎方形的围墙，内侧墙面用草拌泥、粗砂泥、细砂泥分三层抹制得光洁平整。地面经石子和砂泥夯打处理，坚硬如混凝土，藏族将这种地面叫作"阿嘎"，由于经年风吹雨淋，地面已经损毁大半。大厅的南、北、东三面辟有7个门，其中3个门直接通向外面，另4个门分别与紧挨大厅的套间房屋相通。东侧的3个套间无疑是最重要的，据推测应是国王和王后生活起居的地方。北侧和西侧的一些套间则有可能是近侍们的值班房间或是放置王宫、议事厅日常用品的库房。如果参照城堡中红殿那幅保存至今的壁画《王室成员礼佛图》，我们可以想象出当年王宫里某天的情景：清晨，国王走出装饰华丽的起居室，来到宽敞的大厅，踏过红白蓝三色长地毯，盘腿坐在国王专享的三层锦缎软垫上，紧随其后的侍从双手高举华盖，一缕阳光从天窗斜射进来，座前的

山顶的王宫和议事厅

矮桌上已经摆好了早餐……

在《王室成员礼佛图》中可以看到王妃、王子、公主共有 20 多位，让他们都拥挤地住在王宫议事厅周围十几间面积不大的房间里显然是不可能的，这样说来，山顶台地中间的建筑群中应该还有一部分房间是王室成员的住所。这组建筑以一座回字形的佛殿为中心，南北两侧是互相连通的套间房屋，东侧紧接一座较长的两层建筑。佛殿里原来的佛像已荡然无存，墙壁上依稀可见壁画的痕迹，这座处于王宫区的佛殿应该是专供国王和王室成员进行佛事活动的王室佛殿。佛殿南侧一组较为宽敞并连通的房间也许就是王妃和那些未成年的王子、公主们的居所，那么北侧的套间里则应当住着为王室礼佛服务的经师和喇嘛们，他们不但要主持王室的日常佛事活动，还要承担对王子、公主们的教育，使国王的后代在这里获得知识与信仰。

北部的一组建筑遗迹显得有些散乱，依地势高低错落，其间用小道和石阶连接。建筑的面积都不太大，最大的一间也不过 30 平方米。东侧有一座临悬崖的房屋，保存着低而宽的窗台，原来的窗户看起来很大，类似于"落地窗"，室内采光不错，不像是一般的居室。按照札布让村民的传说，这就是当年古格王冬季常常光顾的"阳光殿"。附近的房屋坍塌堆积中曾出土300多件形制各异的铁箭头和大量铁铠甲片，在旁边土崖下一孔隐秘的窨洞中发现了28个藤盾牌、两件铠甲残片和上万支竹枝和红柳枝制作的箭杆。种种迹象表明，除几座小佛殿外，这组建筑中的大多数房屋曾是处理王国日常事务的办事机构所在地和王室卫队的驻地。

令人吃惊的是在这个建筑群之下10米深的山体中还隐藏着一个没有完工的地下宫殿。这是一个复杂的地下工程，进出口很不起眼，2米见方的洞口上原来只有一座略大于洞口的小屋遮蔽。一进入洞口便是坡度很陡的隧道，脚下的土阶梯就是在陡急的隧道底部挖成的，可容两人并排而下。下行4米隧道向右转去，再往下10余米在左侧出现一个暗道口，暗道内坡度更陡，也有土阶，根据走向判断是通向后山的。笔者曾腰系绳子沿此暗道下探，发现下边已被坍塌的土方堵塞，只好返回。不过后来考察队员在后山碉堡附近旁发现的上行暗道似乎正好可以与之相通，碉堡附近就是那日笼沟的两眼泉水，那么这个暗道应该是连接山顶与后山碉堡的秘密通道和取水道了。隧道继续向下经两次右转才到"较宽的地下宫殿"主干道走廊。主干道宽1.5米，长近20米，前端和两侧分布着7个洞室。两侧的洞室大体相同，平面基本呈方形，面积15—20平方米，室内净高多在2米以上，壁面经过修整，顶平壁直，宛如一间平顶房屋。前端的两个洞室不太方正，面积也小。凡是左侧的洞室都有一两个通向崖边的采光通风洞口，爬到洞口一探头就会发现下面原来是百米悬崖。主干道和7个洞室都未发现任何遗物，也没有居住过的迹象，壁面和顶部保留着当初挖建时的镢头痕迹，还没有经过进一步的处理。这些遗迹告诉我们，这是古格王国晚期一项未完成的工程，古格王室原打算在这里营造一处能够抵御高原冬季零下20多摄氏度凛冽寒风的居所，1630年那场导致王国灭亡的战争使这个精心设计、即将完成的工程永远停了下来。基于以上的推测，人们将这组地下洞室称为"冬宫"。

山顶王宫区的建筑格局应该是在城堡建设初期就已经大体形成的，事先应有一个总体的设计。因此建造时才会根据地形和建筑功能的需要规划区域，充分利用有限的空间配置组合，使得整个山顶的建筑疏密有度，高低相宜，分布合理，现在看起来仍令人叹为观止。

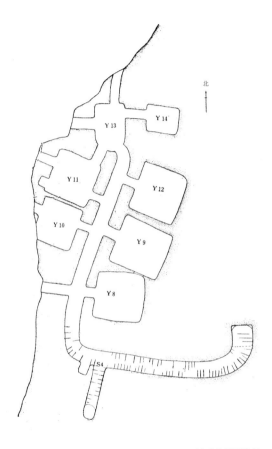

"冬宫"平面布局

高低错落的房屋遗迹

占整个城堡房屋建筑三分之二的北部山坡的建筑群远不如山顶建筑那样井然有序。复杂多变的地形固然增加了初创时期统一规划的难度,随着人口增加、城堡发展而陆续增建的房屋又不断打乱原本就不整齐的格局。不论从山顶俯视还是从山下仰观,都给人一种杂乱拥挤,错综驳杂的感觉,置身其中更是如入迷宫,不辨方向。

房屋遗迹中大多是贵族、平民的住宅以及僧舍,还有为数不多的佛殿、经堂和仓库。除了佛殿还保存有屋顶外,其他房屋都只存留下来高低不等的残墙。在干旱少雨的阿里高原上,这样的残垣断壁可以保存数百年甚至上千年。房屋的形制多种多样,按层数有单层、二层、三层之分,按平面结构有单室、内外套间、多室套间、房屋与窑洞组合等。但总的来说都是土木结构的藏式平顶建筑,藏式房屋的屋顶没有汉式

古格遗址东侧的房屋遗迹

房屋的复杂木构梁架。小面积的房屋通常就用结实厚重的墙体承受整个屋顶的重量,稍大的房屋和大殿用间距 2 米多的立柱和墙体共同承受屋顶重量,往往屋顶塌了或是被人抽走了木料,墙体还能久久矗立不倒。

作为民居的房屋多为结构简单的单层建筑,以内外套间的两室房屋最为常见,长方形的房子中用一道墙隔出内外间,外间较大,南墙或东墙上开设窗户。如果说这种独立结构的套间房是西藏普遍存在的一种民居形式的话,那么房屋和窑洞结合的民居就是古格人特有的建筑形式了。这类建筑选择在背倚土崖的台地上建造,前面修筑石砌基础土坯墙的单层房间,后面紧挨土崖,从崖面向里开凿窑洞。可以被认定的贵族住宅极少,而且完全不同于我们对卫藏地区贵族住宅的想象,山坡上缺乏开阔的平地,难以建造面积较大的宅院,山腰位置东侧和北侧的几座规模不大的二三层楼房被推测可能是贵族的住宅。

严格意义的僧舍和一般平民、贵族的住宅明显不同,必须得满足僧侣集团的群体居住和群体宗教活动的需求,既要集中,又要与外界相对隔离。在山坡东南部发现城堡中唯一的一组方形内院式多室建筑遗存,中心是不太宽敞的庭院,除了西面正中是一间小佛堂,其余12间全是僧舍,僧舍的门都开向中心庭院,每间僧舍可居住3—5位僧人,整组僧舍最多住四五十位僧人。应该说仍有不少僧人还是散居在佛殿附近的房屋或窑洞中,只是无法将其一一甄别出来而已。

为了保障城堡的物资储备,库房是必不可少的建筑。王室、贵族、寺院、一般平民都有各自的库房。城堡东侧高耸着一道近10米的残墙,可以看出来原来是一座三层建筑,上面两层都已塌毁,下层基本保留着原有格局。下层用土坯隔成10个大小不等的隔间,在不同的隔间里分别发现了存储的盐和青稞,还有一个隔间在靠土崖的一面挖成窑洞,窑洞里的淤土表面隐约露出一些圈状的物品,经过清理发掘,发现泥土下竟然整齐排放着29个石锅、10个石钵,因此这间窑洞被命名为"石锅库",这些石锅有方形圆角和圆形两种,大小不一,不少是经过长期使用的,表面还留有烟炱。虽然此建筑上面两层的功能是什么尚不清楚,下层显然是作为库房使用的。

曾经长期使用的石锅

形形色色的窑洞

形形色色的窑洞是古格王国时期遗址中极具特色的一种建筑形式，在除阿里以外的西藏其他地区非常少见，即使是现在的阿里地区也不再建造这样的窑洞了。究其缘由，这是当时古格人的一种无奈选择。这一地区极其缺乏的木料首先要满足王宫、佛殿、贵族住宅之需，燃料奇缺又不能成批烧造砖瓦，古格人只能将土山本身作为最主要的建筑材料。利用的方法不外乎两种：一是直接在土山的崖壁上开挖窑洞；二是用生土夯筑墙壁或用泥制的土坯砌筑墙壁来盖房。只有前一种方法可以完全不用木材，所以一般的古格平民还是会选择前者。窑洞的优点显而易见：就地取材，施工简单，造价低廉，充分利用空间，冬暖夏凉。古格的窑洞有多种形式并适用于多种用途，形制有单室、双室、三室及多室；用途有民居、仓库、作坊、佛堂等。

城堡的窑洞群有百分之八十分布在土山的东、北、

遗址东侧山坡密集分布的窑洞

西三面的山坡上，有些地方成排联片，密如蜂巢；有些地方三三两两，稀疏寥落。开挖窑洞必须要选择合适的地形，崖壁垂直坚固，面积较大，没有纵向裂隙，也没有横向的砾石层，崖壁前能够开辟出一块平地，这样的地方是最理想的。

800多孔窑洞中有半数以上是用来居住的，作为民居首要的功能是宿与食。民居窑洞多有这么几个特征：面积在六七平方米以上，可供数人坐卧起居；有灶或火塘用来炊煮和取暖；洞内壁有长期居住形成的烟炱，多数在门上挖有联通外面的出烟洞或出烟槽；有数个至十数个壁龛或壁洞用以存放杂物。民居窑洞面积大小不一，这可能取决于住户人口的多寡，同样是单室洞，小的不足10平方米，大的可达30平方米。结构复杂的多室窑洞在主室后壁或侧壁开凿内室，面积有时相差几倍。

编号Ⅳ区176号的窑洞是一个典型的单室窑洞，洞内修整得方方正正，靠后壁砌了一个精巧的单眼泥灶，灶前是带泥圈的火塘，旁边还有放燃料的土坯框。两个角落各有一个方土台，可以放置日用器皿。窑洞曾经长期使用，洞内壁上半部和洞顶表面有一层厚厚的烟炱，原来的主人也许是一对夫妻再加上一两个孩子。

有灶和火塘的窑洞

多室的民居窑洞在结构上要复杂得多，编号Ⅰ区86号的窑洞共有5室，弯腰走进低矮的门洞后是一个宽敞的正厅，两侧壁和后壁的4个小门各通一个洞室。后室很小，应该是放燃料和杂物的储藏室，门洞前砌一个双眼泥灶。右后室很奇特，椭圆形的洞室周壁掏挖出7个壁灶，个个都烧得黑乎乎的，这种壁灶不能架锅、釜，只能放一把烧茶的陶壶。左后室极为规整，平面呈圆角方形，门洞内用土坯砌一道矮墙，可遮挡视线，保护隐私，侧壁的龛可能用来放油灯之类的日用品，这个房间很有可能是一间卧室。左后室左侧还有一个简单的长方形洞室，周壁有3个壁龛，这个洞室可能是仓库。正厅的门洞上部挖出斜向上通向外面的烟洞，冒起的炊烟可从烟洞缓缓排出。像这样一个结构复杂、设施齐备的民居当时住的是怎样的一个家庭？考察人员推测这是以一对老夫妇为中心的大家庭，有两三个未成年的子女和父母住在一起，成年的子女虽搬进在附近新开挖的窑洞，但日常饮食生活还在这里。藏族的传统食物主要是糌粑和酥油茶或清茶，糌粑是磨好后装在袋子里的，需要时可直接取出食用。但近十个人同时喝茶却需多架几个壶来烧水，这样，右后室的7个壁灶就成了这个大家庭的必需设施。

古格窑洞内的壁灶

用来作仓库的窑洞数量也比较多，差不多占到总数的四分之一。大多数仓库窑洞内都有土坯砌的仓池，编号Ⅳ区40号的窑洞里沿着后壁和左右壁砌了6个相连的仓池，占洞内面积的2/3，后壁还挖出较大的壁龛，以扩充存放容积。Ⅳ区还有一孔三室串联的仓库窑洞，前室面积不大，有1个壁灶和4个壁龛，壁灶上方积着烟炱，表明曾经有人在这里居住；中室更小，几乎就是一个过道；后室面积最大，后部和左侧有6个土坯仓池，其中左侧的仓池底部残留有少量干瘪的青稞，足以证明这个窑洞是古格王国时期的粮仓。从6个仓池的容积推算，这里大约可存贮1700多公斤青稞，这对于生产方式为半农半牧的古格人来说已经是个不小的粮仓了。仔细观察这个窑洞，可以发现中室和后室的门洞都有土坯封门留下的痕迹，表明粮仓的用途是长期贮存而不是随时取用，它可能是古格王室或贵族"备战备荒"的粮库之一，平时有人看守，不到非常时期是不能打开的。类似的粮仓窑洞在城堡中数量不多，总共不超过15处，由此看来，古格故城当时集中储备的粮食是很有限的。

1985年考察队在山顶东侧的悬崖边缘发现一个洞口，洞口已经被塌落的土堵住多半，洞内分为前后两个洞室,前室堆满了散乱的竹木箭杆半成品和成品,后室堆放着 28 个基本完整的藤盾牌,这些武器在古格王国最后一场战争之后在这里静静地存放了 300 多年。东面的山坡也发现了一孔放满箭杆材料的窑洞,竹木箭杆成捆地绑起来,有些箭杆捆上还系有棉布的标签,标明箭杆来自什么地方。

作为粮仓的窑洞(宗同昌拍摄)

窑洞中堆放的盾牌和箭杆（宗同昌拍摄）

可以确定属于作坊的窑洞只有一处，门洞宽大，洞内面积仅 6 平方米，四周壁上有 6 个壁龛可以放置工具和杂物，地面上堆积着约 20 厘米厚的木炭屑和炼渣，还散落着几块坩埚的残片。从这些遗存分析，这里应该是一个小规模的铸造或锻制的作坊。

窑洞中最为考究的是佛堂窟，这种洞窟面积不大，但洞窟内的装修很下功夫。窟壁一般用草拌泥和砂泥抹平磨光，所有壁面绘满了壁画，有些洞窟的顶部也绘有装饰图案，地面用"阿嘎土"夯打得坚实平整，木质的窟门上往往加以雕饰。每个这样的洞窟都是一座精巧的袖珍佛堂。

神秘的葬俗——洞葬与壁龛葬

窑洞不但是古格人生前生活居住的住所,有些还成为他们死后的归宿之地。在古格故城调查期间,我们发现了 3 种不同葬式:洞葬、壁龛葬、木棺葬,前两种都与窑洞有直接关系。

壁龛葬被发现在故城土山东侧编号 I 区 103 号的窑洞中,这是一座四室窑洞,主室基本呈矩形,后室和左右侧室都是椭圆形。主室通往后室的门口有一个双眼泥灶台,各个洞室的四壁和顶部均覆有一层厚厚的烟炱,表明窑洞曾被长期使用。壁龛是 1985 年调查测绘时偶然发现的。当时我们看到后室的侧壁靠着一块高约 60 厘米的大砾石,感到有些奇怪,随即将石块搬开,一片与周围不同颜色的墙皮暴露在我们眼前。清理掉泥墙皮之后,显现出小石片封堵的拱形壁龛,龛内封藏着一具小小的干尸。壁龛内没有葬具,小干尸出土时只是全身包裹在本色的棉布里,身体蜷

女婴干尸

曲，靠近右膝部和左胯部的包布上放置了少量食盐和茶叶，左手腕上带着一个包着皮革的铁镯和一个皮条穿起来的海贝镯子。这具小干尸后来经过西藏自治区人民医院病理科鉴定，并拍摄了 X 光照片，证实这是一个 1.5—2 岁的女婴干尸。经整体观察和组织结构观察，属于自然脱水干化而形成的典型干尸，其脑组织和内脏均已干枯收缩成膜状，身体没有发现原发性外伤损坏，死因不甚明了，估计因病早夭的可能性较大。将死去的婴儿埋葬在居室近旁或室内是一个古老的习俗，很多史前遗址都有这样的发现，意在婴儿死后也能得到家庭的继续关照。

在我们去古格故城调查之前就知道这里有一个"干尸洞"，传说里面码放着一层层干尸，都是古格王国敌人的遗骸。到古格的第二天我们就在距离城堡东侧 600 多米的山沟里找到了这座恐怖的"干尸洞"。洞窟开凿在距地面 3 米高的崖壁上，洞口很小，宽 0.8 米，高 1.2 米。我们利用挖在崖壁上的几个脚窝吃力地爬上去，弯着腰钻进洞，一股恶臭让我们透不过气，只好退身出来，匆忙中只在手电光下看到一片狼藉的断肢、破布。过了几天，我们找到几瓶白酒，一人喝了两口，然后戴着洒满白酒的口罩第二次钻进干尸洞，做了仔细调查。这个洞窟由主洞室和后室、侧室组成，主室平面是不太规整的方形，面积约10平方米，后室和侧室都很小，后壁还挖有小龛，原来应该是民居窑洞。里面散乱堆放着约30厘米厚的干尸残躯断肢、破衣碎布、绳索、小木棍等。因为以前有过多次扰动，骨骼已经杂乱不堪，无法一一辨识每具干尸，大略统计应该有30个以上的个体。多数骨骼上还都有干缩的肌肉和皮肤，近10具残躯仍然附着有毛织或棉布衣物的残片，有一件黑色的氆氇（毛织粗呢）还可以看出领子和肩部。洞内没有见到颅骨，只找到两件下颌骨和一些发辫，根据乱骨堆中夹杂大量破衣、布片和绳索捆绑迹象分析，堆放到此的尸体最初全都是穿着衣袍，有些还裹着大片毛织布，用绳子捆绑成屈肢状放入的。我们找到一个保存较全的残躯，尸体被毛织绳捆成蜷曲状，膝胸相挨，双手扣腹，身穿无领的本色粗毛呢长袍，外层用粗毛布包裹，腰系毛绳，绳子两端分别绕肩部和膝弯处捆绑，一束脱落的长发辫也被绑在袍上，发辫上还穿束有绿松石和小铜环。此尸没有找到颅骨，脚趾也已缺损，残躯展开的长度1.28米，估计原身高约1.60米。时隔20年，2006年我和老搭档宗同昌受中央电视台之邀，赴古格参与拍摄《屋

干尸洞内的残肢（宗同昌拍摄）

脊上的王国》纪录片，再次进入"干尸洞"，发现干尸残肢数量有所减少，令人担忧。

1985年我们在古格故城调查期间，一场突如其来的大雨将东侧沟对面坡地冲刷出一些陶片和灰痕，经过清理，发现这是一座小型木棺墓。墓葬上部早已被雨水冲刷破坏，所留下的只是接近底部的一部分。从残留的木板朽痕分析，这是一个用薄木板拼起来的小棺。棺板表面原来涂有红色矿物颜料，棺底一侧有约6厘米厚的草秸朽灰，人骨已不存，仅可见少量糟朽的骨粉，葬式不明，但从长仅1.1米的木棺痕迹判断，葬式很有可能是一种屈肢葬。朽木棺残片中出土了4枚锈蚀严重的铁镞与3枚海贝，同时发现的陶片后来被修复成两个球形腹的陶罐。陶罐的形制与近年在札达县发现的近2000年前古墓葬中出土的同类遗物接近。这说明了一个重要问题，古格故城在古格王室入住之前千余年，就已经是阿里先民的居住点。

那么古格王国时期的葬俗是怎样的情形？1626年身在古格的传教士安德拉德是这样记述的："喇嘛根据死者辞世时的星相决定埋葬其尸首的方式，葬尸有三种方式，一些人的葬法与我们的一样。如果死者是重要人物，就要在他的墓地为他树碑立传，碑为金字塔形,以金镶边,墓碑高大美观。其他死者尸体则以火焚之,其骨灰用胶泥拌和后留下做小偶像用。另一些人的尸体则由喇嘛运到很远的地方,由一种体形像鹤一般大小的白鸟啄食这些死者,这些死者通常被认为是最幸运的人。"其实,安德尼德对西藏的葬俗并不是很了解,古格人的三种葬式实际上是塔葬、火葬、天葬(或称鸟葬)。前两者适用于活佛、高僧,后者适用于贵族和平民。

四通八达的通道

任何城堡都必须有连接内外的通道和将各个区域连通起来的道路网，古格故城也不例外。因为这是一座依山而建的山城，上下高差较大，地势变化多端，不可能修建较宽的道路，最宽的主干道也不过两米宽。故城的主干道始于象泉河谷南侧二级台地，经过遗址北部缓坡的开阔地带直通上来，到山脚的卓玛拉康下方有一个开阔的空场，红殿壁画中的庆典想必就是在这个地方举行。经过一段石砌的台阶，再经过3个"之"字形的转折到红殿门前，是第一个较大的台地。在这里，主干道经大威德殿后侧向南延伸，经山腰东侧贴着崖壁是一段约50米比较平坦的道路，接着又是石台阶，穿过一个夹道再数经转折可到达第二个较大的台地，这处台地三面都是悬崖或陡坡，视野开阔，可以俯瞰大半个城堡。这几段较陡的台阶外侧往往砌筑有低矮的护墙。

主干道两侧有一些分支道路分别通向各个不同层面的房屋和窑洞群，分支道路大多狭窄曲折，穿插在房屋与房屋之间以及错落的窑洞之间，有些简直就是羊肠小道，只能容一人行走。这些分支道路呈网状交错相连，沟通着城堡的角角落落。

王宫区的道路干线环绕整个山顶一周，全长有300多米，道路外侧因紧临着悬崖峭壁，所以都筑有约1米高的土坯护墙，护墙上散布的射击孔表明这些墙兼有防卫的功能，也与真正的防卫墙相互连接。

城堡通道中最具特色的是在山体中开挖的几条隧道，其中从第二台地通往山顶的隧道还是隧道主干线的一段，隧道内坡度很陡，只好用木椽和石片架起来修筑成台阶。现在为了方便游客上下，都做了重新修整，安装了铁链作为扶手。隧道下端的入口向内扩展成6平方米左右的空间，可容数人据此守卫，入口外是极陡的石阶梯，只要守住这个洞口，任何人也不可能通过隧道到达山顶，真可谓"一夫当关，万夫莫开"。隧道总长近30米，中间有约7米长的一段完全敞开，如同峭壁上开出的凹槽，外侧用土坯砌筑挡墙，墙体上还开设3个瞭望孔，可以兼做防卫设施。隧道内断面呈不规则的椭圆形，非常狭窄，最窄处不到一米宽，

古格遗址东侧的主干道

主干道的隧道内现在安装了铁链

如果上下的人相遇，侧身避让通过都显得有些困难。另外的几条隧道开口很小，上口开在山顶王宫区的南端房屋或窑洞里，笔者曾腰里拴着绳子向下探查过，隧道中段都已经坍塌堵塞，无法向下通行，从暴露在悬崖外的隧道通气采光口可以大致看出隧道的走向，一条从山顶南部通向后山下的碉堡和泉水；另一条通向东侧山腰的悬崖边。

阳光下的佛殿

YANGGUANG XIA DE FODIAN

佛教活动是古格人的头等大事

佛教最早传入西藏的时间,西藏佛教史籍都说是在松赞干布前五世的赞普——拉托托日聂赞之时,传说这位赞普在王宫顶上休息时,从天降下四件宝物:《百拜忏悔经》、舍利宝塔、六字真言、法教规则。佛教从此在西藏传播开来。但严肃的现代史学家们一致认为到了7世纪,也就是吐蕃王朝建立之初的松赞干布时代,佛教才从印度和汉地正式传入雪域高原,那时起才开始修建佛堂,翻译佛教经典。作为一种外来宗教,佛教在传入西藏的过程中必然会遇到很多困难,首先它受到原始本教的极力排斥,史书中多有佛教与本教反复较量的记载。经过二百多年的发展,佛教最终成为吐蕃王室和民间广为接受的宗教信仰,直到吐蕃晚期赞普朗达玛打断了这个进程。这一时间段被称之为佛教发展的"前弘期"。古格王国的佛教复兴则是西藏佛教发展的"后弘期"。

不难发现，所有藏文文献对于古格王国历史的记载实际上都只是一部佛教史，其中有两个原因：一方面是因为西藏几乎所有的史书撰著者都是有学问的僧人，他们所关心的首先是与佛教有关的事情；另一方面也是由于古格人确确实实是把佛教当成生活中头等重要的大事。

10—12世纪，古格能成为西藏西部一个势力强大的地方王国，与古格王国把弘扬佛教作为基本国策有着直接的关系。9世纪吐蕃末代赞普朗达玛的灭佛运动，造成了西藏高原近百年的佛教低潮，僧侣被迫还俗、寺院被改作他用、佛教经典被焚烧，社会地位较高的僧侣集团一下子跌入最底层，人们的信仰出现了危机，一时无所适从。在这种情况下，已经在阿里地区站稳脚跟的古格王室充分显示出审时度势的精明，重新举起了弘扬佛教的大旗，既稳定了王国内涣散的人心，又很快提高了王国在整个西藏地区的声望。特别是迎请印度高僧阿底峡到古格弘传佛法和在托林寺举行的"火龙年大法会"两件事，更加使得古格王国声名大振，继而成为西藏佛教复兴的根据地。翻译了多部佛教经典的古格高僧仁钦桑布也成为西藏佛教史上名声卓著的"大译师"，其地位如同唐代高僧玄奘之于唐王朝，其功绩在本国广受肯定与尊崇。

随着佛教复兴运动的蓬勃发展，一大批寺院在古格王国各地纷纷建成，托林寺等重要寺院的建造过程中，印度、克什米尔等国家与地区的僧人和工匠多有参与，他们为古格王国佛教艺术带来了大量的异域元素，给西藏"后弘期"佛教建筑艺术、绘画艺术、雕塑艺术注入了新的气息，形成不可低估的影响，而且通过古格王国把这种影响远传至西藏腹地。

12世纪以后，西藏腹地的佛教势力发展迅速，而且很快与各地贵族势力结合，逐渐形成统治一方的政教合一政权。先后统治西藏的萨迦政权、帕木竹巴政权、噶厦政权都是如此。

古格王国虽然长期保持着政教分离的状态，但王室往往通过王族成员出家为僧、重金资助佛教活动等手段掌握着对佛教的领导权和控制权。从藏文文献中我们可以了解到，古格王国从建国时起，屡有王室成员出家为僧。最为著名的是古格初期的"拉喇嘛益西沃"和"拉喇嘛降曲沃"两位，"拉喇嘛"意为天喇嘛，可见其地位之崇高。其后的数百年里，王室成员出家为僧成为惯例，直至古格王国末期。高僧如喜瓦沃、释迦沃、协饶沃色、拉尊·洛桑·益西沃等均为王室成员。16世纪古格王曾经邀请一世班禅到古格王国访问，当时国王的叔祖就是古格佛教界的最高首领，17世纪初，古格王国最后一任国王赤·扎西查巴德当政时，王国的喇嘛首领就是国王的胞弟。

古格国王曾经在很长一段时间内具有对神山冈仁布齐峰进行布施的大施主地位，对远在拉萨的大昭寺也常有供养。

由于古格王国一开始就把弘扬佛法作为一个基本国策，在建寺修塔、塑绘佛像上必然要倾注大量的人力物力，对修建佛寺的重视程度绝不亚于修建王宫。在古格故城的所有遗迹、遗物中最引人注目的就是一大批保存至今的佛教艺术品了。每个佛殿和供佛窟的墙壁上都绘满内容丰富、精彩纷呈的壁画；殿顶色彩斑斓的天花板彩绘无比绚烂；一道道夯土墙上镶嵌的卵石表面雕刻着形形色色的佛与菩萨；佛塔中堆放着成千上万的各种模制小造像和小塔；佛殿的门楣、门框、柱头、托木也被工匠们雕刻出各种造型。这一切全面展示了古格人对佛教的虔诚信仰和对艺术创作的执着追求，也给我们留下了一个了解古格王国历史、宗教、文化以及古格人精神生活的横切面。

20世纪上半叶，在意大利学者图齐介绍和研究古格古城的著作中，关于壁画和雕塑的内容就占了三分之二以上的篇幅。20世纪70年代至90年代国内学术界、艺术界、新闻界对于古格故城的关注焦点也主要集中在壁画和雕塑上。学者和艺术家们尽管去过许多西藏其他地区的寺院，看到过大量不同风格的壁画、塑像、金铜造像、唐卡（西藏式的卷轴画），但到了古格还是会眼前一亮，流连忘返，欣喜万分，他们不约而同地将这里独树一帜的艺术风格称为"古格流派"。

城堡中的佛教建筑

站在山下的开阔地带面朝古格故城眺望，就会发现所有较显眼的建筑物多半是佛教建筑。山顶上突兀而出的坛城殿、北侧山坡台地上红白相映的红殿和白殿、高低错落的大威德殿和度母殿、西北部伸出的小山梁上高耸的佛塔……无一不凸显着城堡中佛教建筑的重要地位。

古格王国建国之初就确定的弘传佛法、以教辅政的政策一直贯穿于近七百年的王国史中，使古格王国始终保持着西藏西部佛教文化中心的地位。所以在城堡的长期建设过程中，佛教殿堂的建设自然受到特别重视。

对现存佛教殿堂的分析显示，14 世纪以前城堡中建造的佛殿无论数量、规模都不是很大。当时古格王室把佛寺建设的重点和佛教活动的中心主要放在离城堡 18 公里的托林寺，在那里建造了高大的迦萨殿、外四塔、内四塔以及修行殿和僧舍，仁钦桑布译经授徒、阿底峡著书立说、火龙年大法会等重要活动都是在托林寺进行的，城堡中只有一些中小型的佛殿供王室成员和上层贵族就近礼佛和修行等佛事活动使用。山顶一座环绕礼拜道的佛殿和东侧山坡一组分隔出许多僧房的庭院式殿堂应当是这一时期的遗存。城堡下面山沟东侧的洛当寺应当也是早期的佛寺建筑。

城堡中大规模的佛殿建设是在15世纪前后，这一时期由于格鲁派高僧阿旺扎巴回到家乡，取得王室的支持，在古格王国弘传格鲁派教法，一批新的寺院在王国境内兴建起来，作为都城的札布让城堡最先开始兴建寺院，保存较好的白殿、红殿、大威德殿和供佛窟基本都是这一时期建造的。托林寺的扩建也在这个时期。佛寺、佛殿建筑相对集中在城堡从上到下不同高度的三个地方，一处是山顶的王宫区，一处是北侧山腰的台地，另一处是东侧山谷对面的开阔台地。

王宫区的佛殿遗址

东侧山坡的寺院废墟

山顶的王室佛殿

王宫区的佛教建筑有三座：坛城殿、带回廊礼拜道的佛殿、护法神石窟。其中坛城殿是王宫区唯一保存有屋顶的建筑，虽然体量不大，但因为修筑在一个高出地面一米多的土台上而显得非常醒目。

现存的殿堂由平面方形的殿堂和略呈三角形的前厅构成。前厅为后来所加，受地形限制，东、北两面墙体沿土台的边缘砌起，厅内有两根较细的圆柱。殿堂平面是规整的正方形，殿门向东开，木质门框、门楣上雕刻着复杂华丽的各种图案，门楣正中的坐佛和门框两侧的高浮雕侍立菩萨尤为精美。殿内只有25平方米，绝大部分空间被一个坛城占据，周围勉强可以绕行。坛城被破坏得只剩下底部用小土坯砌筑的基础，基础外面是圆形围圈，象征坛城外的金刚墙；中间是有四门的正方形坛，从散落着的一些泥塑残片和木构件可推测原来的坛城是一个亭阁式的建筑模型，

山顶的坛城殿外景

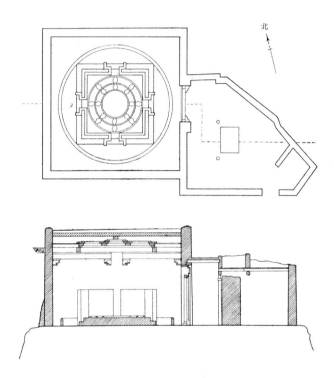

坛城殿平、剖面图

周围按照仪轨安置有泥塑的小像。1933年图齐一行在札布让调查时还能看到坛城的大体形状:"而如今该曼荼罗(坛城)每一细部均已坍塌崩毁,庄严天宫和门上的牌楼支离破碎,散乱堆积。我们来得及时,尚能在废墟中发现原来配列于曼荼罗各个方位的天众全像或残像。"

坛城殿的屋顶木结构是很奇特的"斗四藻井"形式,下层用4根大梁对接成方形框架搭在四壁的正中,中层又以4根略细的方梁转角45°叠压在下层大梁上,上层用4根方木条构成九宫格状的平棋天花,所有木架的空档处都铺设着天花板,上面绘有色彩艳丽的凤凰、狮子、摩羯鱼等瑞禽神兽。殿的外墙上伸出雕有摩羯鱼、迦陵频伽(妙音鸟)、忍冬卷草装饰的托木,估计是支撑挑檐蜀柱的。1985年我们在坛城殿周围捡到不少红陶瓦片,既有断面半圆形的筒瓦,也有槽形的板瓦,可推测出原来在屋顶上建有四角攒尖的瓦顶,如果是这样,坛城殿很可能是模仿了尼泊尔庙宇建筑的样式。

殿内四面墙壁的壁画基本完好,壁画从上往下可以截然分为五个平行的部分,每部分都环绕殿内一周。最上层靠近屋顶装饰兽面衔铃铛垂帐纹。第二层是横

坛城殿墙外的托木

排的92尊人物小像，每尊小像均有藏文题名，从中可以找出印度的智者、大德，如莲花生、阿底峡等，以及西藏和古格的高僧、译师，其中就有古格历史上著名的王室出身的高僧拉喇嘛益西沃和降曲沃。第三层是主体壁画，全是大像，西壁是五佛，中央是金刚不动佛，两侧依次分布大日如来、宝生佛、无量光佛、不空成就佛；南北两壁绘十大空行母——誓言空行、身空行、意空行、语空行、大乐空行、宝空行、佛空行、金刚空行、莲花空行、诸种空行；东壁两侧绘护法像。第四层是一排74尊小像，各种佛、菩萨、佛母、供养天女、金刚紧密排列，其中的供养天女全身赤裸，四臂修长，腰肢纤细，手持供品或演奏乐器，神情生动，姿态异常优美，是古格壁画中的上乘之作。第五层绘制了几乎环绕墙壁一周的八大尸林。特别引起我们注意的是东壁北侧下方有一幅高僧及僧俗弟子礼佛图，头戴黄色尖顶"班霞"（智者之帽）的高僧端坐在垫子上，右侧侍立一众僧人，分上下三排坐在长坐垫上。从藏文题记可知此高僧名为协达彭仲·嘎西哇。图齐通过研究得出结论，整座坛城殿是按照藏传佛教密宗的胜乐部曼荼罗的仪轨布置的，中心的立体曼荼罗是核心，与周壁的壁画形成一个完整组合。

坛城殿西壁壁画(局部一)

坛城殿西壁壁画(局部二)

坛城殿壁画——供养天女

除了坛城殿，山顶的王宫区还有一座较大的佛殿，位于王宫区的中部高台上，编号Ⅵ区F27。虽然只剩下周围的土坯残垣，但平面形制还是保留了原有的格局。中间的佛殿平面呈"凸"字形，面积约80平方米，后凸部分是须弥座，从后壁残留的小孔洞可以看出原有泥塑佛像十分高大，两侧壁排列整齐的小孔洞则有可能是8尊菩萨塑像的遗痕，墙壁上斑斑点点的彩绘残迹显然是壁画，可惜已经无法辨识。1997年我们在开展"阿里文物抢救保护工程"过程中，曾对这座佛殿做过清理，出土了两座塔基和一些壁画与塑像残块，证实了当时的推测。佛殿四周有环绕的礼拜道，宽约2米。如果说当初古格王国有一座专供王室成员举行日常佛事活动的佛殿，那就一定是这座了。坛城殿是为王室供养坛城、举行密宗仪轨的小型道场。

红　殿

城堡北侧山坡的台地上集中了红殿、白殿、大威德殿、度母殿、财神殿等5座佛殿，各个佛殿之间间隔约二三十米，旁边还分布有僧舍建筑遗迹，是城堡中的佛教建筑密集区。其中红殿、白殿是城堡中面积最大的两座建筑。

红殿因殿堂外壁遍涂红色而得名，是一座平面略呈方形的单层平顶藏式大殿。殿堂的大门仍保存着完整的木雕门框和门扉，门框分内外三层，里面两层分别雕饰有摩羯鱼和迦陵频伽鸟尾变化出来的忍冬卷草纹；外层分为不对称的十几个长方形框，每个框中雕刻有不同的形象，有高僧、王子、苦修者等人物形象，也有王子受供养、双象嬉戏、驯象等日常情景内容，有些很可能是佛本生故事。门框的侧脚由里向外分别雕刻着菩萨、力士和狮子。门扉上浮雕梵文兰札字体的六字真言（唵嘛呢叭咪吽），经历了几百年风雨侵

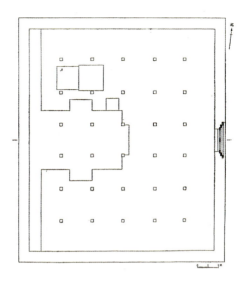

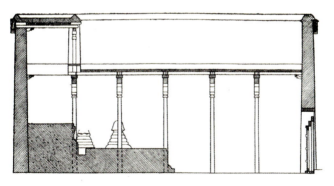

红殿平、剖面图

阳光下的佛殿

红殿木雕大门

红殿木雕大门局部

红殿木门雕饰——象与人

蚀的木雕大门木纹显露，裂缝密布，像一幅巨大的陈旧画框镶嵌在殿堂土红色的墙壁上。殿内高大宽敞，面积约350平方米，平面大体呈正方形，分前后6排整齐列置30根方柱，纵5排、横6排，柱间距约3米，走入其中如同穿行在森林里。每根柱子高约5米，都是用四段方木以榫卯结构套接起来的，柱头和上面的托木两面浮雕佛像和梵文种子字（佛教密宗用不同的梵文字母作为不同主尊的象征符号，称之为"种子字"）。殿顶的梁架结构略微复杂，由方梁、方椽和天花板构架而成，方梁横架在柱头的替木上，方椽纵排在方梁之上，每个椽与椽之间的天花板都是一幅完整的彩绘图案，共有222幅之多，天花板彩绘的图案题材相当丰富，有菩萨、度母、天王、飞天、乐伎等像，还有各种瑞禽、神兽、法器、供器和装饰纹样。这些图案既有规律地搭配组合，又千变万化，竟没有一幅是完全重复的。

供奉在红殿后壁下方的塑像已被毁坏殆尽，只保留着原来塑像下的须弥座、莲座和后壁的贴塑背光。据20世纪30年代图齐所拍摄的照片，原来的塑像是基本完好的八药师佛塑像，身后的贴塑背光也完好无损。前方凸出的台座上还有一尊高大的释迦牟尼鎏金铜坐像，正好处于屋顶的天井之下。这些塑像和鎏金铜像均已不存，只有土坯砌筑的须弥座残存至今。须弥座表面多有贴塑的浮雕纹饰，如双鹿法轮、双狮、力士、吉祥八宝（法轮、海螺、宝伞、华盖、莲花、宝瓶、双鱼、吉祥结）等图形，表面施以彩绘。像其他佛殿一样，只要殿顶不塌，人为的破坏一般不会伤及壁画，红殿壁画保存得相当完好，全今色泽艳丽，如同新绘。除了上下的装饰图案，中间的主题内容可分为两部分，一部分是高达 3.5 米的佛、菩萨、佛母等大像；一部分是宛如长卷的佛传故事和王室礼佛图、庆典图等。大像占去了壁画总面积的三分之二，南北壁绘有 12 尊坐佛，东壁绘 8 尊菩萨、佛母、度母、金刚，其间还夹杂了上百尊小像。12 尊造型几乎相同的大佛都没有题写名号，按照经典很可能是"十二光如来"——汉语译为无量光、无边光、无碍光、无对光、炎王光、清净光、欢喜光、智慧光、不断光、难思光、无称光、超日月光。造型、服饰与释迦牟尼无异，区别在于各自不同的手印。深谙藏文佛教经典的图齐认为，这 12 尊大佛可能是弥勒、八药师佛、无量光佛、不动佛、释迦牟尼等佛。佛传故事横置在南、北壁的下半部。前壁（东壁）两侧上部的大像比较容易辨识，分别是马头明王、金刚手、顶髻尊胜佛母、白伞盖佛母、白度母、喀萨帕尼观音、四臂观音、文殊菩萨，下半部分别绘有八相佛塔、七政宝（轮宝、摩尼宝、马宝、象宝、妃宝、将宝、臣宝）、吉祥八宝和王室礼佛图、庆典图。研究者们最为关注的还是佛传故事、王室礼佛图和庆典图，王室礼佛图直观展现了古格国王率领王室成员、大臣、僧俗人等礼拜无量寿佛的宏大场景，庆典图则是一幅精彩的古格风俗画。

红殿天花板彩绘

红殿壁画——顶髻尊胜佛母

白　殿

　　红殿北侧较低的台地上坐落着另一座大殿——白殿。白殿的名称也是由于表面所涂的颜色而来的，只是一个俗称，原本的正式殿名失传已久。殿堂的平面形状呈"凸"字形，后凸的部分是专为供奉主塑像而设计的，殿内面积377平方米，是城堡中面积最大的建筑。原有的殿门已经破坏无存，只能从当年图齐的照片中看到雕饰繁复的门框、门楣。殿内分前后7排列置36根柱子，包括后凸部分的6根。柱子同样也是由三截或四截方木以榫卯的方式相接，与红殿不同的是柱头托木上浮雕的是精美的坐佛。殿顶的结构与红殿不同的是天窗的构造，殿顶中央开设一个小天窗，后凸部分升起大面积的阶梯状天窗，这就使白殿的采光比红殿改善了许多，出现四级采光的效果：第一级是大门，两扇门扉敞开可照亮殿内前部；第二级是中央的天窗，使殿内中后部得到照明；第三级是后凸部

白殿外景

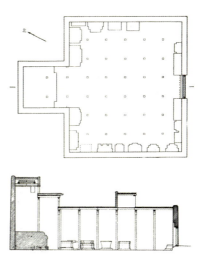

白殿平、剖面图

白殿内景

分的一级天窗,照亮大须弥座及座上主供佛像的身体部位;第四级是后凸部分的阶梯状天窗,使主供佛的头部得到良好的光线,在采光中起到画龙点睛的作用。

殿顶的天花板彩绘与红殿有明显区别,红殿彩绘图案构图较为自由,白殿殿顶以一个莲花状曼荼罗以中心,四周环绕着各种装饰纹样。尽管格式统一,单元图案的变化仍然很多,莲花状曼荼罗有四瓣、八瓣、九瓣之分;瑞禽神兽有盘龙、飞凤;动物形象有低头觅食的雁、相互追逐的兔;还有形式多样的缠枝莲花、缠枝忍冬、折枝莲花以及几何图案,有些可能是直接照搬织锦的纹样。

殿内四周原来布满塑像,后凸部分须弥座上原有一组主供大像,从图齐 1933 年拍摄的照片来看,主尊是体量高大的释迦牟尼坐像和两个侍立的菩萨,释迦牟尼像身穿袒右袈裟,左手做定印,右手做指地印,象征释迦牟尼降魔得道,坐像大约有 4 米高,应当是当时古格故城所有佛殿中的第一大佛。周壁依次排列的 22 尊塑像只残留 11 尊,都已残缺不全,或缺头断臂,或胸腹洞穿,但仍能看出精湛的雕塑技艺和生动的气韵。图齐从当年保存基本完好的塑像中仅仅辨识出马头明王、四臂观音两尊塑像。但他认为"每一尊塑像

白殿塑像

都应是据今已不易比定的怛特罗部组规定的图示表现于壁画的既定曼荼罗的主尊"。他对殿内塑像的描述极具文学色彩，令读者感同身受："大殿幽暗，众多塑像于熹微晨光中悄然浮现，犹如生命从冥暗向真实光明的缓慢迈进。"残存下来的塑像台座各具特色，有矩形须弥座、多棱须弥座、圆形莲台座、单茎莲台座，表面或贴塑，或彩绘，装饰图案都是有着佛教象征意义的双鹿法轮、双狮、双孔雀、金刚杵、莲花、须弥山等。

受塑像的限制，白殿壁画的格局相应地做出了与众不同的设计，正如图齐所说，主体壁画围绕每一尊塑像及背光形成单独的一组整体艺术装置，而且每组壁画的内容都与塑像有关联，塑像与壁画互相结合，浑然一体。我们甚至可以从壁画内容推测出原塑像的身份，如背景壁画有智度母、勇度母、坚度母等21尊度母小像的塑像应该就是度母；壁画有金刚手、武金刚手、大鹏金刚手等小像的塑像应该就是忿怒金刚；壁画绘着十二天宫和二十八星宿内容的塑像无疑就是时轮金刚。

各组壁画中最有价值的是北壁一尊残损塑像背后的内容，壁画分上下16行排列着138尊小像，藏文题名表明是三套王统世系。一是释迦族王统世系,上迄释迦族始祖诸天,下至释迦牟尼的儿子罗睺罗,在古格画师的笔下,这些释迦族的诸王都成了菩萨相或罗汉相。二是吐蕃王统世系,从传说中的第一代赞普——聂赤赞普直到吐蕃王朝的末代赞普——达玛,吐蕃赞普们穿戴着具有古格风格的王族服饰,头戴低平的缠巾,耳饰大环,身穿长袍,胸前装饰璎珞,足穿长祢靴,与拉萨大昭寺、布达拉宫的松赞干布像颇不相同。三是古格王统世系,紧接在吐蕃王统世系之下,一共有 25 位人物形象,书写藏文题名的仅有 6 尊,分别是吐蕃到古格过渡期间的维松、贝科赞,在阿里分封三国的吉德尼玛衮,古格第一位国王扎西衮和他的后继者沃德、赞德,其余的 19 尊都没有题名。这三套王统世系实际上是对王权神圣性的宣示,藏文史籍《贤者喜宴》曾经这样描述吐蕃赞普的起源:"源出极佳圣族,乃佛与转轮王之种,系延自圣乔达摩释迦族。根源善美,乃降自光明天。"根据这幅壁画的内容分析,原来的壁画前的塑像很有可能就是出身于古格王室的高僧拉喇嘛益西沃。

白殿后凸部分的壁画却是另外一种格局,上部在悬塑小像的周围密密麻麻排满了近万尊一寸大小的僧

白殿壁画——王统世系图

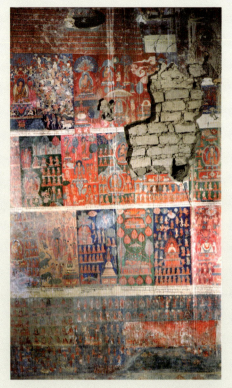

白殿后凸部分壁画

人小像，中部分上下三排绘制了左右分幅相连的佛传故事，下部分幅展现古格寺院宗教仪式、庆典乐舞、体育比赛、民众运输等场景。可惜这一部分极其珍贵的壁画被从残破天窗飘进的雨水冲刷得漫漶不清了，须仔细观察才能分辨出其中的精彩内容。

大威德殿

大威德殿就在红殿的近旁,规模要小得多,由"凸"字形的正殿和长方形门廊构成。由于选址于坡地,所

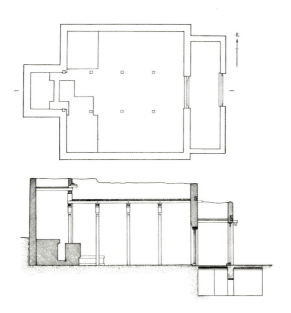

大威德殿平、剖面图

以大殿后部下挖，前部砌筑石墙，前后均以木椽架棚，这是在坡地建造藏式房屋的常用方法。殿门的门楣、门框保存尚好，雕饰繁复：门楣中央是高浮雕的迦陵频伽，两侧的门框下方是近乎全裸的力士，双手托举台座，座上雕有站立的孔雀，孔雀尾部向上卷起，变化出忍冬卷草纹。正殿中立有八柱，分前后四排，柱头、托木均雕有舞姿婆娑的供养天女和"吉祥八宝"。最后面两根柱子一半嵌于后凸拐角的墙壁中。天花板彩绘的图案与白殿较为类似，每幅中央有莲花状的曼荼罗，周围装饰着各种繁复的花纹。

殿中显然是以大威德塑像为主尊。大威德又译为"金刚怖畏"，是文殊菩萨的忿怒相，也是以图像表现的文殊成就法曼的核心，在萨迦派和格鲁派的寺院中往往占有重要地位。大威德的形象如同他的名号一样威武，图齐描述道："大金刚怖畏身深蓝色，九面，三十四臂，十六足，展左足，曲右足。能吞咽三界，发出哈哈之笑声。卷舌、咬牙、颦眉，眼睛眉毛如劫尽之火；黄发直立，威吓色无色界天众，亦使诸天众感到怖畏；发出雷音，吞食人血、肉、髓、脂。头戴五骷髅冠，以十五颗人头鬘为饰，以黑蛇为络腋，耳珰等为人骨所制成。大腹、赤体、男根竖立；睫毛、

大威德殿门廊壁画

眼皮、胡子、身毛皆如劫尽之火。主面为暴怒、有角之水牛，两角间有一黄面。"可惜的是原来威猛恐怖的大威德塑像和其他塑像已悉数被毁，壁画还基本完好，但被长年的烟火熏黑，很多细节难以辨识。

门廊北侧的壁画很特别，是整幅的建筑群落图，图中大小不等、层数不一的房屋重重叠叠，鳞次栉比，其间点缀树木花草，门前、窗口和屋顶偶见有人坐立，有些建筑的墙壁上带有三角形的射击孔。个别房屋还有院墙和院门。从壁画中建筑的布局、特征分析，很像是古格故城的一幅写生图。

正殿东壁门两侧各绘毗沙门天王（北天王）、阎婆罗（阎王）以及他们的下属诸神。东壁北侧的毗沙门天王图像被设计成一个矩形的曼荼罗，正中是坐在绿毛白狮子身上的毗沙门天王，头戴宝冠，两手各持宝伞、吐宝兽；周围四层矩形界框，第一层绘众多骑乘演练的人和修行者；第二、三层是数十个徒手或持兵器的武士；最外层全是手持各种兵器的武士。武士身穿的甲衣和手持的盾牌、长矛、弯刀与城堡遗址发现的实物完全一样，也许壁画武士形象就是以当时古格武士为模特描绘的。南北壁各绘有 5 尊大像，每尊大像四周紧密排列各种小像，充满了整个壁面。北壁

大威德殿壁画——毗沙门天王曼荼罗

的大像依次为白度母、持颅心喜金刚、胜乐金刚、时轮金刚、药师佛；南壁依次为尊胜佛母、密集金刚、密集柔金刚、密集不动金刚、高僧。大像周围的小像除了佛、菩萨、护法、吐蕃法王、古格法王以外，有半数以上是印度八十大德和西藏各教派的高僧，每尊像的下面都有藏文题名，现在仍可辨识的就有230余尊。其中有不少是萨迦派、噶举派、格鲁派的著名上师。西壁的两侧分别是释迦牟尼和两弟子、宗喀巴和两弟子大像。宗喀巴与释迦牟尼并列上首，身量高大，这表明绘制大威德殿壁画时风靡全西藏的格鲁派已在古格王国佛教界确立了主导地位，据此推断，建殿时间应当在15世纪之后。

大威德殿壁画——胜乐金刚

度母殿与毗沙门天王殿

度母殿在城堡背面坡下较低的小台地上,结构简单,面积很小,只有 33 平方米。当地僧人和老百姓

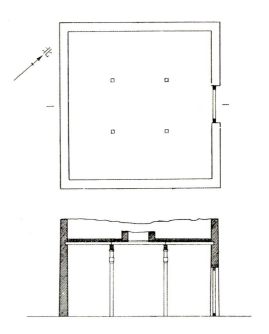

度母殿平、剖面图

因壁画中多有度母像而称之为度母殿。殿内有4根柱子,柱头托木正中雕刻"十相自在"图案(用10个梵文字母组合而成,分别象征寿命自在、心自在、身自在、愿自在、业自在、受生自在、资具自在、解自在、神力自在、智自在)。殿顶部没有彩绘的天花板,只

度母殿柱头托木(宗同昌拍摄)

是用短小的木棍作为顶面。图齐在《梵天佛地》一书的"札布让卷"中称这座小殿为"总管殿",他认为札布让是西藏西部的四宗之一,地区总管会在夏季前往地势较高、多有凉风的香孜宗,仅在冬季返回札布让。作为其个人佛殿的寺院外墙涂有红色,距其住宅不远。当时他还看到殿内保存有不少鎏金铜造像:"殿内正壁堆放有许多鎏金铜像,其中最堪一提的是做工精细、敷设典雅的金刚怖畏双身像;近旁可欣赏到一尊无亚于他的密集金刚;随后是施特定手印的贤坐弥勒。"几十年过去,这些精美的铜像遗失殆尽,不复得见。殿后壁的主体壁画是 3 尊坐佛和宗喀巴、阿底峡及弟子像,两侧壁都是护法神、高僧大像和 8 尊度母像,下部还绘有环绕半个殿堂的分幅长卷式佛传故事画。这座殿的建筑结构和壁画都显示出 17 世纪以后的特点,特别是菩萨的造型和服饰均体现出浓郁的卫藏风格,甚至还出现内地青绿山水的画法,应该是古格故城建成年代最晚的佛殿之一。

1997 年对古格故城进行维修工程时,我们在红殿门前又发现一个小殿的下半部,经过发掘,暴露出保存尚好的部分壁画,整面壁画以毗沙门天王为中心,配置有几尊护法神像。毗沙门天王处于几重方形界框的曼荼罗之中，每重中都有环绕一周、手持各种兵器的众多武士，特别引起我们注意的是有些武士是蒙古人装束，由此可以判定，这座小殿是毗沙门天王殿，建造的年代应在五世达赖喇嘛派遣蒙古族将领噶丹策旺驱逐拉达克人之后，也就是噶厦政府在设立札布让宗之后才建造的。

毗沙门天王殿发掘现场

洛当寺

洛当寺是一个格局完整的寺院,单独建造在东侧山谷对面台地上,被当地人称为"札布让寺"。佛寺周围环绕着彼此相连的小房间和围墙,形成一个完全闭合的空间,其内部结构复杂,最为醒目的建筑是西

洛当寺遗址

侧一座几乎完整的佛塔和中央一座红墙的佛殿。中央佛殿是整个寺院的核心，平面呈凸字形，与周围建筑有5米至10余米的间隔。殿内的壁画虽经风雨侵蚀，依稀还可以看出有释迦牟尼与两弟子、宗喀巴与两弟子等几幅大像。保存较为完好的佛塔是吉祥多门塔。

根据藏文文献记载，这座寺院原名"洛当寺"（或译为"洛塘寺"），意思是"平地上的译师寺"，是11世纪古格大译师仁钦桑布所建的众多寺院之一，15世纪又经格鲁派高僧阿旺扎巴改造扩建，只有从现存的佛殿以及周围成排的佛塔大致还可以看出早期的格局。遗憾的是寺院破坏严重，从当年图齐不多的一些记述来看，1933年佛殿还保存有屋顶，尚可看到大日如来、药师佛、无量寿佛、十六罗汉和内殿的四铺曼荼罗等壁画，画风与红殿、白殿基本一致。近年，札达县文物局在加固佛寺残垣时，意外发现几尊铜造像，其中一尊铜菩萨像应是11世纪前后的莲花手观音，身材修长，姿态优美，眼睛里镶嵌白银，属于古格王国早期的"银眼造像"，更加证实了这座寺院的古老。

洛当寺出土的铜菩萨像

洞窟里的佛堂

除了建在地面的佛殿，城堡中还有一些不易发现的佛窟，保存至今的共有 4 座，其中 3 座有较完好的壁画和残存的塑像，可确定两座是佛殿、一座是护法神殿。作为护法神殿（藏语称"贡康"）的窟洞在山顶的王宫区，面积很小，只有 7 平方米左右。门框虽然简单窄小，表面仍雕饰着卷草纹，门上开设一个方形的小窗用于采光。后壁龛中的护法塑像仅存游戏坐的双腿，旁边散落着残断的手臂和骷髅璎珞。周壁和窟顶遍布壁画，窟顶壁画大部分脱落，仍看得出来主要装饰的是填花毯路纹。壁龛两侧绘有尸林修行图。周壁的壁画内容丰富，主体是各类护法、佛母、上师，可辨出有胜乐金刚、密集金刚、金刚持、北天王等。下面是环绕窟内一周的长卷式构图，依次绘供养天女、吉祥八宝、七政宝和各种法器、供器。这组壁画高仅 20 厘米，以白色为底，人物、动物、法器刻画入微，

护法神殿洞窟外景

护法神殿洞窟壁画——法器

尤其是身姿婀娜的供养天女，线条纤细，飘逸流畅，腰胯大幅度扭动，充满动感，实为古格故城最精彩的壁画之一。

编号为Ⅳ区35号窑洞的佛窟建造在Ⅳ区一个台地较为隐蔽的断崖上，这是一孔在原有的双室窑洞里四面砌墙改建的佛窟，为古格城堡遗址中仅见的一例。佛窟平面图像一柄菜刀，门向东北，南壁东半部向后凸出。窟内没有塑像的痕迹，四壁保留有6组壁画。后壁是窟内壁画的主尊释迦牟尼，佛祖端坐中央，两侧侍立手持锡杖的弟子，周围排列坐佛和高僧的小像；北壁绘有并列的两尊坐佛和相对而坐礼拜佛塔的两尊菩萨；南壁是六臂依怙、大威德金刚大像和护法小像。壁画的题材、画风无不体现出15世纪前后的古格绘画风格。

另一座供佛窟在东面的山坡上，有一座编号为Ⅳ区126号窑洞的供佛窟。从门上的排烟道来看，这座供佛窟是由一座民居窑洞改造而成的，平面略呈梯形，后壁开有一个大龛，四壁和龛内都绘有壁画。龛后壁绘药师佛众会图，药师佛两侧有侍立菩萨、十佛、礼佛的僧俗人等；壁龛两侧分别绘金刚不动佛、四臂观音和古格贵族礼佛图；右壁正中是释迦牟尼大像，两侧是"三十五佛"（三十五佛常住十方世界，礼敬并对其忏悔，可清净前世无边恶业）；左壁正中是宗喀巴及两弟子，两侧是上下 5 排僧众小像；前壁两侧分别绘六臂依怙、大威德金刚、吉祥天母。后壁右侧的贵族礼佛图最值得关注，男主人及妻子儿女 4 人并排坐于上首，服饰颇像红殿壁画中的王室成员。男主人以红巾缠头，身穿红底黄花长袍，外披绿底黄花披风，盘腿坐在有靠背的坐垫上。女主人和女儿服饰略同，长发后垂，身穿镶边黑袍，外套黑红条纹无袖长袍，屈膝而坐。旁边的供桌上放置着摩尼宝珠、净水碗、酥油灯，桌下堆放酥油包。贵族们正前方有 3 张桌子，放置盘、碗、盏等器皿。桌子下方有前来呈送供品的 4 位外邦人，或背着布匹，或手持珊瑚，或抱着酥油包。6 位身着古格服饰的男女捧壶、托盏、献哈达，以示欢迎。这幅壁画形象表现了古格贵族供佛、礼佛仪式的真实情景，与红殿内的礼佛图极为相似，只是场面较小而已。佛窟底部堆积着上万支竹箭杆和红柳枝箭杆，箭杆之下还有一层杏干、桃干，那件用葡萄牙文圣经残页制作的跳神面具就是从箭杆堆中发现的。从种种迹象来分析，这座洞窟最早是作为民居使用的，15 世纪后改为供佛窟，很可能在古格末期的战争中临时用作战备仓库。

Ⅳ区 126 号窑洞壁画——古格贵族礼佛图

佛塔与塔墙

佛塔是佛教建筑中最主要的建筑形式之一。古格故城遗址残存佛塔28座，除了红殿内的2座、遗址西侧半坡山梁上的2座，其他都在札布让寺（洛当寺）附近。此外，札布让寺南侧还有一道塔墙。藏传佛教的佛塔自有其特点，俗称"喇嘛塔"，由下到上由塔基、塔座、塔瓶、塔刹四部分构成，其中塔座、塔刹两部分较为复杂。藏传佛教最为典型的佛塔组合是"八相塔"，或称"善逝八塔"，以八塔象征释迦牟尼住世游止的八处主要地点，并与特定的重大事件相联系，表现佛祖一生事迹，这八座塔分别是：迦毗罗卫佛降生处聚莲塔、摩揭陀成道处大菩提塔、波罗奈斯初转法轮处吉祥多门塔、舍卫城神变塔与天降塔、王舍城和合塔、吠舍离思念寿量处尊胜塔、拘尸那揭罗涅槃塔。从当年图齐的摄影师所拍摄的照片上可以看出，原来在山下卓玛拉康门前，有整齐排列成一行的8座佛塔，虽然看不清楚细部，但基本可以认定为八相塔。这8座佛塔现已不存，不知毁于何时。

古格故城现存的佛塔只有四种类型：聚莲塔、天降塔、菩提塔、吉祥多门塔。聚莲塔在红殿内，塔刹完全被破坏，塔座上部保存下来的莲瓣成为我们判断佛塔类型的唯一依据。天降塔和菩提塔至今耸立在遗址西北侧的山梁上，从山下仰望城堡时极为醒目。

保存尚好的托林寺天降塔

天降塔的特征十分明显，塔座至层阶部分的四面正中各有一个窄窄的阶梯上下贯通，用以象征释迦牟尼"昔于忉利天为摩耶夫人说法讫，归赡部洲下处"，塔座四面装饰浮雕效果的图案，分别有吉祥八宝、狮子和束腰忍冬纹，塔瓶呈覆钵形。菩提塔结构较为简单，塔座是次第收起的 5 个阶梯状台座，塔瓶如鼓。吉祥多门塔在山下的洛当寺院内，特征是在塔座四面的每一面分三层设置龛门，第一层 5 个龛、第二层 3 个龛、第三层 1 个龛。天降塔和吉祥多门塔是古格王国遗址中最常见的两种佛塔。

塔墙，藏语称之为"曲登仍布"，意思是长塔，西藏西部的藏传佛教寺院周围经常可以见到。通常由 108 座小型佛塔构成一道长墙，远看如同低矮的锯齿状围墙。古格故城遗址较为完整的塔墙坐落在洛当寺旁的缓坡上，现存 107 座塔，各个塔的塔座连为一条线。建造方法很简单，在夯打的墙体上划割成一个个塔座，每个塔的上部修理成方尖锥形即可。现存塔墙长 124 米。

洛当寺废墟的吉祥多门塔

佛教艺术的绝响

FOJIAO YISHU DE
JUEXIANG

土壁生辉——古格的壁画艺术

在古格故城的所有遗迹中,最引人注目的就是一大批保存至今的佛教艺术品了。佛殿、佛窟中满墙精美的壁画,殿顶五彩缤纷的天花板图案,刻在卵石表面的佛与菩萨,模制在小泥片上的各种造像,精心雕刻的门楣、门框、柱头,这一切全面展示了古格人对佛教的虔诚信仰和对艺术表现的执着追求,也给我们留下了大量研究古格王国历史、宗教、文化的素材。

在我们1985年去阿里考察之前,已经有一批西藏的艺术家到过古格故城。这些西藏艺术的朝拜者曾经探访过西藏各地的许多寺院,看到过大量不同风格的壁画、塑像、鎏金铜造像、唐卡。但当他们走进古格故城的佛殿时,立刻就被这里风格独特、色彩艳丽的壁画和天花板彩绘给吸引住了。夹杂着发现新艺术类型的狂喜,艺术家们将这里的艺术风格称为"古格流派"。

壁画是古格佛教艺术最主要的表现形式。由于阿里高原地区高寒缺氧，殿堂、佛窟内干燥多风，只要屋顶或窟顶不塌不漏，壁画的自然破坏就不大明显，因此古格遗迹中大多数壁画至今仍然保持着鲜艳的色彩和清晰的线条。

古格壁画的题材相比西藏其他地区更为丰富，既有宗教内容，又有世俗内容。古格壁画的整体布局严谨规整，通常以绘制的大像或塑像背光为主体，四周或两侧排列相关的各类小像。佛传故事多以分幅长卷或分幅组合的形式绘制，礼佛、庆典乐舞、商旅运输等内容则多以单幅长卷或组合长卷的形式出现。佛像造型神情姿态十分丰富生动，少有僵化呆板之感。特别是在绘制佛母、度母、神母、供养天女等题材的造像时，古格的艺术家们创造出了一种身材颀长、隆乳丰臀、腰肢婀娜、容貌姣好的女性形象。其中裸体的供养天女、空行母、神母造像可以说是西藏壁画中最为优美的女性造型。古格壁画中的世俗人物形象似乎没有形成明显的严格程式规范，除了王统世系图和礼佛图中的王室成员外，其他人物多为画匠的即兴之作。相貌、神情、动作变化多端，服饰、用具也丰富多彩，反映的内容有礼佛、鼓乐、舞蹈、杂技、商旅运输、贡奉等许多方面，完全是古格王国时期的现实生活写照。

在调查时我们特别注意观察了几处受到不同程度损坏的壁画，发现古格故城的壁画都绘制在1—1.5厘米厚的地仗层（壁画所附着的底层材料）上。地仗层是用灰色细砂泥直接覆在殿堂土坯墙或佛窟内壁上，表面抹光磨平，结实平整。绘画的过程也大体可以通过观察推测出来：第一步是先平涂大块底色；第二步以深蓝色粗线条勾画出形体的大致轮廓；第三步细致填色，以平涂为主，辅以晕染，有些部位还表现出明暗关系和高光效果；最后用细色线或墨线勾定每个细部。多数壁画在完成以后还在表面涂一层透明的桐油。壁画的颜料没有进行取样分析，但根据笔者对壁画的观察和对藏族传统绘画颜料的了解，古格壁画所采用的颜料大致有石青、石绿、土黄、土红、朱砂、白粉、靛蓝、连黄等色的矿物、植物颜料。按照传统，这些原始颜料在研磨成粉后都要加水加胶调和使用。

庄严　威猛　娇媚

　　古格壁画的题材远较西藏其他地区丰富，就连各地常见的佛、菩萨、佛母、度母、空行母、天王、护法金刚、高僧大德等造像也类型繁多，姿态各异。佛教中至高无上的崇拜偶像——佛，从古格壁画的藏文题记中就可以找到60余种，如释迦牟尼、大日如来、药师佛、无量寿佛、无量光佛、普视佛、无忧佛、金刚不动佛、无垢佛、世间自在佛等。此外还有根据不同经典绘制的三世佛、五方佛、七佛、十佛、三十五佛等。佛的服饰、形象分为两大类：一类是正统的佛装形象，高肉髻，面相圆满，大耳垂肩，身穿袒右袈裟，结跏趺坐，手结各种手印或持有法器，多为显教造像。另一类是菩萨装，头顶束高髻，戴宝冠，耳饰环，上身袒裸，佩项饰及璎珞，下穿长裙，结跏趺坐或其他坐姿，多为密教造像。

　　菩萨的种类也很多，其中以各种文殊菩萨和观音

红殿壁画——佛像

菩萨最多，明确题名的有圣智文殊、持密文殊、般若文殊、知识文殊、身文殊、语文殊、意文殊等二十多种文殊菩萨；四臂观音、十一面观音、千手千眼观音、修心观音、普渡观音、六字真言观音等十余种观音菩萨。菩萨虽多，但服饰大体一样，比菩萨装的佛像装饰得更为华丽，并且出现四臂、六臂、千手千眼等神异形象。

形象和服饰最为独特的还是佛母、度母，这些女神往往头束高髻，戴宝冠，耳饰大环，佩戴着华丽的项圈或项链、璎珞。上身穿半袖紧身衣，袒露出双乳和小腹，腰肢纤细而稍加扭曲，上臂、手腕和脚腕戴钏镯，下身穿花色各异的长裙，结跏趺坐或游戏坐。这种袒乳露腹着半袖紧身衣的造型几乎不见于西藏其他地区的同类造像。完全是受印度、尼泊尔、克什米尔地区造像风格的影响。佛母、度母依照佛教经典解读，都是菩萨变化的女性神，或者可以说是女菩萨，面相或慈祥、或端庄、或娇媚，也有少数作忿怒相。古格壁画中的佛母有顶髻尊胜佛母、白伞盖佛母、大宝佛母、作明佛母等二十余种。度母有白度母、绿度母、智度母、勇度母、善度母、解悲度母、解苦度母、解愚度母、解欲度母、解妒度母、解吝度母、解疑度

红殿壁画——白度母

母等四十余种。

除了佛母、度母,壁画中还出现了几十种女性神祇,如空行母、神母、天母、瑜伽母等。这些女性神祇形象各式各样,有的长着兽头,或舞蹈、或飞腾、或乘骑骡马牛羊,但共同的特征是几乎全身赤裸,头戴宝冠或骷髅冠,佩戴耳环、项圈、钏、镯、璎珞等一应装饰。其中最凶神恶煞的就是吉祥天母,她的形象与名号完全相反,肤色青蓝,红发上耸,头戴骷髅冠,左耳挂蛇,右耳挂狮子,左手持骷髅杖,专门对付恶鬼阿修罗,右手端着盛满鲜血的骷髅碗,背后披着人皮。她的坐骑是一匹黄骡子,鞍前垂红白两个骰子,红骰子主杀伐,白骰子主教化,骡子的缰绳是条毒蛇,骡子的屁股上还长着一只眼睛。这位外形凶神恶煞的女神掌握着惩恶扬善的生杀大权,因此在藏传佛教中有着尊崇的地位。

古格壁画的偶像中,护法神也是一个大的门类。可以找到各种明王,如马头明王、忿怒明王、大力明王、甘露明王;各种金刚,如大威德金刚、密集金刚、胜乐金刚、时轮金刚、智慧金刚、橛金刚;各种金刚手,如忿怒金刚手、勇武金刚手、花鹏金刚手、大虐寒林金刚手等。还有形形色色的护法空行、降阎魔、天王等。这些护法神多呈忿怒相或威严相，形象、服饰各不相同，姿态有坐姿、立姿、蹲姿等。其中有不少是多头多臂，胸前拥抱明妃的双身像。不明就里的人们往往将这类双身像叫作"欢喜佛"。实际上按照西藏佛教密宗的说法，这些都是受大日如来教令为降服各种阻碍修法的魔障而变化的明王、金刚。他们拥抱的明妃是修法的女伴，男女相合是悲智和合、调服魔障、引向佛智的象征。明王、金刚和各种护法神都有各自不同的标识，注意观察大都可以区别开来。比如马头明王的明显特征是在上耸的头发里伸出一个小小的马头；橛金刚则在手中紧握金刚橛（一种法器，上部是金刚杵头，下部是三棱尖橛）。密集金刚的标识较复杂，红、黄、白三头，六只手臂，两主臂手持金刚杵，拥抱明妃，其余四臂分别持法轮、火焰宝珠、莲花和金刚剑。明妃也是三头六臂，上两手勾搂密集金刚脖子，其余四手持莲花、弓、金刚剑等。明王、金刚、护法在古格壁画中的服饰有几个共同点，上身赤裸，下身穿短裙或长裙，头戴宝冠或骷髅冠，手脚佩戴钏镯，胸前有繁简不等的胸饰和璎珞。

供养天女是古格壁画佛界人物形象中最为精彩也最具特色的一类。对诸佛的供养有多种，依据经典有

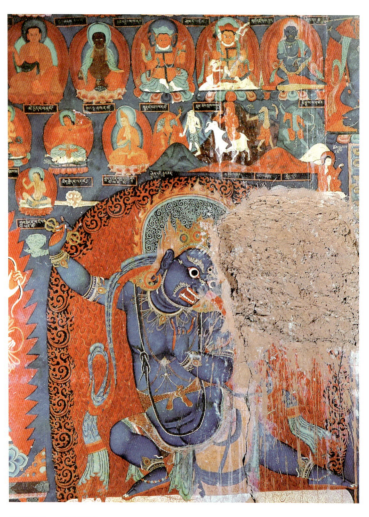

红殿壁画——马头明王

四供养、五供养、六供养以至于十供养。《法华经》的十供养包括：一供花、二供香、三供璎珞、四供抹香、五供涂香、六供烧香、七供缯盖幢幡、八供衣服、九供伎乐、十供合掌。供养天女就是在天界专事供养佛的。从壁画的题名和手持物来看，古格壁画中的供养天女有供香天女、供花天女、供水天女、散花天女、熏香天女、供灯天女、击鼓天女、吹笛天女、奏琴天女、善舞天女等 20 余种。诸天女的形象与装饰非常奇特，最典型的是坛城殿的众天女，这些天女全身赤裸，头戴宝冠，长发后披，耳饰大环，佩戴项圈、钏、镯，腰系璎珞，双乳正圆，腰肢纤细得超乎寻常，胯部往往做出大幅度的扭动，有些供养天女明显露出私部。供养天女们四只手臂中有一对上举，手持法器；另一对在胸腹前作出各种姿势，手持供器或乐器。这种全裸的四臂供养天女姿态优美，线条流畅简练，在西藏其他地方的寺院壁画中极为罕见，是古格画派的代表作之一。

对佛教文化稍有了解的人都知道，所有佛殿的壁画均非随意为之的图像集合，而是严格按照佛教经典和观想仪轨布置的，有塑像的佛殿则壁画与塑像共同组合成特定设置。如坛城殿表现了完整的胜乐部曼荼罗，由立体坛城、五如来、十空行母、护法部、附属天众和八大尸林严密配置,营造了一个三维的、符合宗教仪轨的密闭空间。大威德殿的塑像和壁画则是严格按照大威德(金刚怖畏)成就法的曼荼罗仪轨布置的。

坛城殿壁画中的供养天女

佛陀的故事

白殿、红殿、度母殿的壁画中都出现了佛传故事的内容，虽然在故事情节、表现手法和构图布局上有一些差别，但总体还是大同小异。依照翻译成汉文的佛教典籍，佛传主要为释迦牟尼一生八个重要事件——"八相成道"，具体包括下降兜率天、降母胎、出家、诣道场、降魔、成等正觉、转法轮、示涅槃等。藏文佛教典籍则为"十二事业"或"十二宏化"，多出四项。具体为下降兜率天、入胎、诞生、学书习定、婚配赛艺、离俗出家、行苦行、趋金刚座、降魔成佛、转法轮、度化佛母从天降临、示涅槃。古格壁画中的佛传故事都是以藏文经典的"十二事业"为脚本，并将一些细节充分展开，以连环画的形式绘成分幅长卷或分幅分行组合，通过画面讲述释迦牟尼一生的重要事件。可惜的是三座殿堂现存的佛传故事壁画都受到不同程度的破坏，尤其是"十二事业"的第一"事业"部分壁画现已不存。如果将各殿壁画相互参照补充，基本上还可以勾画出后十一"事业"的故事情节。

那么我们就从壁画现存的第二"事业"——入胎开始讲起。故事的情节原为诸天神劝请菩萨下降南赡部洲，教示佛法，救度世人。菩萨问："以何相下降？"天神之子正感说："据吠陀典籍，应以白象形为宜。"菩萨遂以六牙白象形入净饭国王的王后摩耶夫人腹内。度母殿壁画的这一情节是这样表现的：画面左上侧绘一殿堂，菩萨居中结跏趺坐，手结转法轮印，两侧有天人鼓乐供养。右下侧绘一殿堂，窗户极大，可见摩耶夫人拥被卧床，菩萨下方绘一白象，一个箭头从白象直指摩耶夫人腹部。

典籍中记载摩耶夫人怀胎十月，前往蓝毗尼园，感觉胎动，即以右手攀无忧树枝，菩萨从摩耶夫人右肋下降生，是为净饭王太子。其时大地震动，天降花雨，难陀和优波难陀为太子沐浴，各方呈现种种瑞相，狮、象、马等瑞兽也同时产下幼崽。太子降生后向四方各行七步，步步生出莲花。摩耶夫人生出太子七天后寿终而往生三十三天。太子由姨母摩诃波阇波提抚养，其姨母安排怀抱保姆、哺乳保姆、拭污保姆、戏玩保姆各八人服侍太子。有一黑仙人作出预言：太子居家将成为转轮王,出家则成佛。古格故城的三个殿堂中都绘有这一情节的壁画:度母殿勾勒出摩耶夫人右手攀无忧树枝,上身赤裸,下着长裙,太子从右肋下降生,下有两侍女手托白帛准备捧接太子。白殿壁画表现了太子赤身站立于莲花上,两天龙持壶浇水,给太子沐浴,上下左右各有七朵莲花,八位保姆环抱太子等情景。红殿壁画的"太子受哺乳"图更有生趣,赤条条的小太子跪坐在哺乳保姆怀中,双手捧乳吸吮,

红殿佛传故事壁画——太子受哺乳

袒乳露腹的保姆似乎还有些羞涩，面孔微微转向左侧。

太子年纪渐长，净饭王命太子向四位老师分别学习文字、算法、射箭、驭象，但太子天生就已经具备各种知识和技能，诸位老师反倒要向他请教。在度母殿壁画中我们可以看到太子盘腿坐在坐垫上与老师低首观书的景象，但其他情节的壁画已被破坏。

太子成年，释迦族长老乞请净饭王为太子选妃成婚，以防止其出家。太子遍选婆罗门、王侯及庶民女子，只相中释迦种姓持杖者之女俱夷。持杖者提出让太子与其他释迦族青年比赛技艺以察其能，净饭王应允。参赛者约定比赛驯象、射箭、角力等项，胜者夺旗。释迦族青年拉金首先上场，一掌击倒一象，阿难陀又上场将象抛出城外，太子则以脚挑象抛出一俱卢舍（古印度距离单位，约为5里）远，落地成洼。难陀、阿难陀接着与太子角力，一交手便被扑倒在地，拉金继续上场，太子将其抡向空中又轻放地上。最后比赛射箭，在2由旬（1由旬为40里）外悬挂铁鼓一面，其他3人均射6由旬远，而太子在10由旬远处悬置7面铁鼓，其后又悬铁猪，一箭就射穿7鼓1猪，箭头入地成穴，名之箭井。太子大获全胜，夺得优胜旗。度母殿壁画中较为详细地表现了这些情节，如拉金击象、太子以足挑象、太子抡起拉金、太子力射7鼓1猪等,还有经典中没有详说的持盾格斗情节。白殿壁画中也保留有大体相同的内容。

白殿佛传故事——婚配赛艺

太子成婚后,诸天神恐其耽于世俗声色,纷纷从天界向太子发出偈语,提醒他不要被痴暗所缚,应速离欲境发起菩提心。太子出游四门,见老、病、死及修行比丘,又见农夫驱牛耕田,深感世间疾苦,决意弃绝尘世，出家修行。晚上，太子看到白天欢歌笑语的宫女们在睡梦中呈现出丑陋的姿态，更觉得尘世无可留恋。当夜即令马夫备好宝马，由帝释天引导，四个天人托住马足腾空逾城而出。行至清净塔前，太子将宝马及自己身上的服饰交给马夫一并带回，太子就地以剑削发，诸天神请发造塔供养，净居天随即奉上袈裟。净饭王得知太子已经出家，派500侍从前往相伴，太子只留下5人，其余遣返。佛传"十二事业"中的这一"事业"情节最为繁多，壁画往往用数个画面来表现。白殿壁画中就分为"见农夫耕田""观众宫女睡相""马夫备马""逾城出家""以剑削发""遣返马夫及宝马""收五侍从"等情节。

太子出家后，带领追随他的5个弟子来到尼连禅河畔，决意修禁行和苦行，住修6年。每日只食一粒芝麻、一粒柏实、一粒米，体瘦如枯木，甚至可以从腹部看到后脊骨。附近农人不解，常伺机扰害，均未得逞。红殿壁画中绘有出家后成为菩萨的太子坐在树下修行，5个弟子围坐其周，结跏趺坐，手结禅定印，身体枯瘦，筋骨显露，但神态安详，稳坐如磐石。同一幅画面还表现了两个农夫各持一棍捅菩萨双耳，菩萨不为所动的细节。

佛传故事——逾城出家

菩萨虽经 6 年苦修，但仍不得解脱，遂欲受食以增强体力，进而准备修习四禅定。此时有善生母二人煮炼千头黄牛之乳，又有二仙人加入生威光之药，菩萨受而食之，体发变为金色，遂让乳钵随水漂流，龙王得之。菩萨又剃下胡须赐善生母并准其供养。五弟子见菩萨受食，疑其修心不坚，便离之而去。红殿壁画在两个画面中集中表现"善生母挤乳""炼乳""仙人赐药""善生母捧钵供乳糜""龙王获钵""剃须赐善生母"等细节，白殿壁画在同样内容之后还绘有"五弟子告辞"等情景。

菩萨沐浴受食后体力充沛，运大士气力来到菩提树下，安住正念，坐金刚座上，发誓不证得无漏绝不散此跏趺。魔王召众魔显极恶相，向菩萨投掷各种兵器，并让妖艳魔女展现 32 种媚术。菩萨生起三明四禅定，使射来的矢石化为花朵，使妖艳魔女化为老妪，以手指地召地坚母现出，合掌作证。黎明时分，菩萨通达十二缘起及四谛，现证了正等正觉而成佛。红殿、白殿壁画中都用数个画面大肆渲染了释迦牟尼这段最为辉煌的历程，如"降魔""得道成佛""毗沙门天王供钵"等。其中降魔的场景最为精彩，佛陀结跏趺坐在铺着吉祥草的金刚座上，右手指地召地坚母作证。

背后是枝叶繁茂的菩提树，两侧是魔王召集来的各色妖魔，或拔剑张弓、操枪舞棒；或举石擎火，欲抛欲掷；或变化为狮虎熊豹，狂吼怒号。三个魔女则袒乳露私，搔首弄姿，引诱佛陀。佛陀稳坐树下，安详自在，向他飞来的各种兵器化为花朵，魔女变成丑陋的老妪，

白殿佛传故事——降魔成道

地坚母自地面升出，合掌作证，种种细节历历在目。

菩萨成佛之后，诸苦皆无，具足善乐。先往林中修习49天。此时大梵天请佛陀为众生利益而转动法轮，为众说法。佛陀来到鹿野苑，受供食后绕三佛座三匝而坐于第四佛座上，放大光明，天神在佛前供千辐金轮。佛于后半夜开示五比丘，宣示正法，憍陈如当即证得阿罗汉果，至此"三宝"（佛、法、僧）俱足。佛陀先后转法轮三次，初转四谛法轮，二转无相法轮，三转胜义抉择法轮。接着佛陀又在王舍城分别接受舍利弗、目犍连二人以及优为、那提、伽耶三人的皈依。红殿壁画中有一幅佛转法轮图，佛陀结跏趺坐在莲座上，手结转轮印，座上饰有法轮和双鹿，喻示鹿野苑初转法轮。背后张帷帐，顶覆华盖，各路天神、五比丘及外道瑜伽行者跪坐两侧倾听说法。还有一幅是表现舍利弗等人皈依佛陀的情景：一条河边山峦起伏，野鹿出没，佛陀站立在菩提树下，左手托钵，右手结印。舍利弗等五人在佛前合掌，或立或跪拜，众比丘在旁边成行列坐，注视着眼前的五位皈依者。

菩萨成佛7年后，为度其母亲摩耶夫人而往三十三天（忉利天）为母说法，然后经吠琉璃桥（或说天梯）返回。这个情节在清代西藏唐卡中常见，画面中绘一架直达云端的长梯子，佛陀从长梯上缓步而下，上为天界，下为尘世，梯下有众比丘恭候。不知为何，古格几个殿堂的佛传故事壁画中都没有关于这一情节的内容。

佛陀本可住世到劫尽之时，但为了显示诸法无常，佛陀答应入涅槃。佛陀赴扎金城途径波旬城时病倒，弟子阿难取迦拘达罗河水浴佛足，佛陀稍康复，抵达扎金城。在娑罗双树间置床座，佛陀右侧卧，双足重叠，作明空想念，具正念正知。佛陀为了度化圆满，又现为干闼婆调伏极贤、极喜二人，然后展示身容，入禅定而涅槃。时大地震动，天乐齐鸣，流星陨落，众比丘悲痛欲绝。佛陀涅槃 7 天后，拘尸那城所有力士设置好安奉佛身的床座，诸天神供香、花、幡盖与璎珞，将佛身置宝天冠塔前，天神散花及膝深。等大迦叶来到，佛身下香木不点自燃。荼毗（火化）后的佛舍利共有 12 摩揭陀大升。有八国王族前来争夺舍利，婆罗门平斛氏力劝众王，主张将舍利分为 8 份，众王同意并将分得的舍利迎回，建塔供养。平斛氏分得舍利瓶，当地人分得火化佛身的炭灰建塔供养。共计建有八舍利塔、一瓶塔、一炭灰塔。白殿壁画中有三个画面表现入涅槃事业：第一幅绘佛陀侧卧双娑罗树下的床座上，佛身上方装饰花朵组成的华盖和璎珞，弟子阿难抚佛足悲泣，上下有11位弟子身处火焰中，最上方绘两尊侧卧床上身燃火焰的佛陀。第二幅正中绘佛陀身置宝天冠塔上，烈焰升腾，下有19位比丘，上有诸天神，齐向佛陀礼拜。第三幅正中是一塔座，座上是堆成馒头状的舍利，座前有8位王侯等待分舍利，上有诸天神供养。红殿还将八舍利塔单独绘制在佛传故事"荼毗"壁画之后，刻意凸显八王分舍利后所建造的八塔。

除西藏佛教经典"十二事业"的各种情节以外，壁画中还有一些情节在查阅其他经典后也考证了出来。如红殿的佛传壁画中有这样一个画面：佛陀结跏趺坐在莲座上，双手结禅定印，一蛇（龙王）盘绕在佛的上身及头后，上护其顶，天空有一团云正在降雨，周围有三天人跪坐礼拜。根据《律藏·大品》，佛陀成道后分别在三处定坐，安享解脱之乐。当时遇到天降大雨，龙王目支邻陀从其住所出，绕佛身七匝，并以其头遮护佛陀，情节恰与这幅壁画吻合。

红殿还有一幅画面，绘佛陀左手托钵，右手持锡杖，率众比丘外出化缘乞食，一白象以鼻卷剑进攻佛陀，佛右手发出火焰，象被制伏，掉头遁去。根据《律

红殿壁画——八塔(局部)

红殿佛传壁画

藏·小品》，佛陀晚年时，弟子提婆达多欲与佛陀争夺僧团领导权，在阿阇世协助下图谋杀害佛陀。他先是雇佣刺客去刺杀佛陀，但刺客一走到佛陀面前即被感化。提婆达多后又从灵鹫山上推下大石企图砸死佛陀，大山挺身拦住了石头。最后他又在佛陀率领众僧化缘乞食路上放出一头疯象，但还是被佛陀制服了。这幅画面正是描绘了这一事件的部分情节。

白殿第 13 组壁画和红殿北壁下方的佛传壁画中各有一幅内容类似的画面，佛陀安坐在树下，一猕猴捧钵向佛陀供奉，上部绘一猕猴攀树摘花果，下部绘一猕猴倒栽水洼中，画面中还绘有随从弟子、伎乐天、佛塔。佛教典籍的佛传故事就有这样的情节：佛陀在毗耶离城时，有猕猴见树上有熟蜜而无蜂，便去阿难陀处借钵采蜜供佛，佛命其将蜜和水分施给众弟子，猕猴因而欢喜踊跃，不慎失足落水而亡，死后转生为美貌男子。这样的情节在汉传佛教的佛传中极少见，而在藏传佛教的佛传中却较为常见。近年在青海玉树发现的 9 世纪初吐蕃摩崖佛传故事图像，其中就有猕猴献蜜的画面。

古格的"清明上河图"

　　古格壁画中最珍贵也最有研究价值的是一批直接反映古格王室、贵族、僧侣、平民宗教生活和世俗生活的壁画，被艺术家们称之为古格的"清明上河图"。我们可以从中看到当时古格王室、贵族、僧侣们朝礼佛陀，高僧说法讲经，喇嘛辩论，庆典乐舞，杂技表演，商旅运输，外邦贡物等一系列生动的日常生活场面。

　　表现王室成员参与礼佛的壁画只有一幅，绘于红殿东壁的下部。场面宏大，人物众多。居中是一尊端坐莲台的无量寿佛，僧俗两界人物分列左右两侧。僧人在佛的右侧，分8组成行列坐，共计有73个人物。其中有5位僧人与众不同，形体较大，坐垫华丽，居于上首，其余的一般僧侣则拥挤地列坐在右后方和下方。从图中可以看出僧侣有明确的等级区分，上首应该是出身王室的僧侣首领或高僧。国王、王子、王室家眷、大臣、贵族列坐在佛像左侧，国王和王子当然居于最中心的位置。国王父子的服饰大体相同，头缠红色花巾，上身是红底黄花长袍，外罩及膝半袖衫，脚穿白色长靴，盘腿坐在三层锦缎软垫上，后面都有靠背，身后各有一童子高擎华盖遮护在他们头顶。国王、王子左后侧的4位小王子的服饰、坐垫就大为逊色，头上没有缠巾，服装也简单得多，坐垫只有一层，其中只有一位王子有侍童在旁侧服侍。

王后、四王妃、四公主排列在国王和众王子之下。王后像较大，长发后披，头顶有金色发饰，上身穿蓝底长袖衫，下穿黑红色条纹相间的长裙，外披红底黄花披风，跪坐在双层坐垫上。左手持一柱线香，胸前露出10余条珠串连成的宽排项链。4位王妃与王后的穿戴基本相同，但坐垫只有一层，靠背也略小。王后和每位王妃身旁都跪坐一侍女或侍童。4位公主列坐在王妃左后方，除了长袖衫统一为黑色外，其他服饰与王后、王妃相同。

大臣和贵族有14人，分上下两排坐在王室成员左侧，发式和服饰与4位小王子没有多大区别，但服装颜色较为驳杂，五颜六色。再向左是民众和外邦来宾的礼佛行列，民众分4排跪坐48人，均合掌胸前，面向右侧。外邦来宾的装束打扮明显不同于古格人，多

红殿壁画——王室礼佛图

红殿壁画——国王与王子礼佛图

蓄胡须，头缠白巾或黄巾，结跏趺坐或跪坐在为他们专设的座席上。

王室成员和大臣、贵族礼佛者的下方陈列着外邦礼佛者所贡献的各类供品，可看出有布匹、酥油包、牛羊肉、红糖包、罐、瓶、法器、珠串、珊瑚、杂宝等，有两位侍者正在搬运酥油包。供品的左侧还可以看到正在赶来的供奉者，或驱赶驮着行囊的牛马，或背着装满物品的背篓。

高僧说法图见于坛城殿的东壁，图中一高僧头戴尖顶僧帽，内穿僧袍，外披袈裟，结跏趺坐于坐垫上，手结说法印。南侧一弟子手提香薰侍立，另有12位弟子分3行结跏趺坐，合掌倾听高僧说法。

喇嘛辩经图只见到一幅，绘在白殿后壁凸出部分。图中僧俗佛教徒排列5行，俗装佛教徒肩披长发，身着长袍，足登高靿靴，结跏趺坐或游戏坐观看僧人辩经。僧人穿无袖僧袍，披袈裟，多戴尖顶僧帽，最下方两行中各有二僧人相对站立，击掌发问或应答，其他僧人坐于垫上观听。

热闹的庆典乐舞场面分别绘于白殿和红殿，以红殿保存得最为完好清晰。画面中10位古格女子盛装横列一排，交臂牵手，踏地起舞，舞姿和缓沉稳。12位鼓

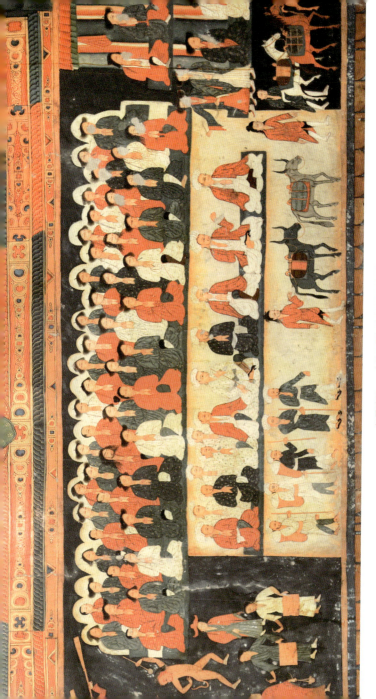

红殿壁画——古格臣民与外邦来宾礼佛图

手二三成行，散立其侧，以槌或手击鼓为节，一位扮成天女模样的女子在旁敲锣。10位号手分5对分别吹奏5种长短不同的号。让人感到吃惊的是乐舞队伍里竟有一男一女在表演跑马，两人各自身挂假马，手牵缰绳，前后有数人吹号击鼓。一只由数人装扮起来的大狮子昂首徐进，狮子前有扮成猴子的人在耍逗狮子，后面有扮成恶鬼的人在追赶。其他僧俗人等前呼后拥，气氛热烈，秩序井然。

白殿的庆典图侧下方还绘有几组杂技和体育表演的精彩场面：一组为爬杆、滑杆，中间直立一主杆，两侧各斜撑一杆，顶端绑扎在一起，一人刚攀爬至顶，另一人骑跨斜杆下滑，并将双手上扬保持平衡；中部是马技表演，一人倒骑马背，回首策马疾驰，另有4人骑马回首，张弓欲射；下方一组3人，一人倒立以手行走，一人俯卧在一个竖立的短棍上，以棍顶在腹部旋转，一人表演侧手翻，旁边有女子敲锣助兴。

商旅运输图散见于白殿、红殿和大威德殿。红殿的运输图与庆典场面合为一体，途中7个古格男子各背负一根木料，3只牛各驮着两根木料，7只羊各驮两只木箱（西藏西部、北部游牧人把羊作为运输工具，在羊背左右搭驮小背囊或木箱，成群驱赶，进行长途

红殿壁画——庆典中的宣舞

红殿壁画——庆典中的跑马

红殿壁画——庆典中的狮子舞

运输，20世纪90年代，笔者在阿里地区普兰县的玛旁雍错湖边曾见到过长途运输的羊群）。队尾有两个南亚装束的商人似乎为押运者，两人短发络须，上身披巾，腿脚赤裸，前者拄棍而行，后者挑着两个水葫芦。白殿运输图描绘的是一支运木料的庞大队伍，队前有一官吏模样的人骑马带队，队内有30多人背负或抬运木料，3只牦牛驮着木料，另有数名僧人也随队前进。

红殿壁画——庆典中的运输

古格壁画的艺术特色

如果仔细观察古格的壁画，就会发现有大量的动物、植物、山水、建筑点缀或陪衬其间。动物形象一般比较写实，尤其是当地常见的牦牛、马、羊、狗、豹、鹿、羚羊、鹰、鸟等都描绘得生动逼真。而佛教中的神圣动物如白象、狮子、孔雀、摩羯鱼、龙等形象则进行夸张变形或拟人化表现。有时还将两种动物组合

红殿壁画——拟人化的狮子

成怪异造型，如鱼头龙身的摩羯鱼、鸟头狮身的翼兽、马头龙身的神兽等。特别值得注意的是一些动物身体后部直接变化出忍冬纹样的画法，明显是受到印度阿旃陀、埃罗拉等石窟造型的影响。

植物图案由树木和花草两大类组成。树木除少数较为写实，大多数作了夸张变形。树冠有花朵形、桃形、伞形、蘑菇形、笔头形等程式化的形态；树叶大致有卵形、桃形、橄榄形、花瓣形等；树干或直或曲，大多装饰着繁简不一的忍冬纹。整个树形具有浓郁的装饰意味，很多已经完全图案化。花草多用来装饰造像的座、背光，以莲花和忍冬卷草最为常见。

山峦、河流、湖泊、云朵等自然景象都不是写实性的。山峦大体有两种形式，一种为馒头状，一种为钝角峰状，线条内侧通常稍加晕染。河流、湖泊的外轮廓也就是河岸和湖岸加以莲瓣作装饰，水波画成繁复密集的鱼鳞状。云朵有两种形式，一种是忍冬旋涡状，一种是如意状。

作为点缀的建筑图形，多为装饰意味很强的藏式楼阁立面图，散点透视，平铺直叙，缺乏立体感。一些屋顶加上汉式的庑殿顶或攒尖顶，屋内外有或坐或立的人物。

壁画中的树木造型

古格壁画无论从内容、题材，还是构图、色彩、线条，都具有自己的独特风格，很难简单归入西藏传统中为人所熟知的地方画派，如15世纪的勉塘、钦则画派等。但古格王国地处数种文化的交汇地带，艺术风格不可避免地受到多重文化的影响，特别是受邻近的印度、克什米尔地区影响尤为强烈。

古格壁画年代的推定是和建筑年代的推定交织在一起的，但两者不一定完全保持一致。西藏佛寺很少有在壁画上题写年代的习惯，古格也是一样，所能够用于分析的只有壁画中出现的年代不同的高僧、译师的题名。这类人物题名多达500余处，但重复出现在各殿的情况较多。现可考的有古格早期（12世纪以前）的数十位高僧，与古格晚期（15世纪以后）的数位格鲁派（俗称黄教）高僧，而独缺古格中期这段时间内的西藏各教派著名高僧的题名画像。引起我们注意的是在5座现存佛殿的壁画中都出现格鲁派创始人宗喀巴的题名像，只不过其表现形式和题名方式有所不同。红殿、白殿和坛城殿中的宗喀巴像均为小像，题名时直呼本名"杰·洛桑扎巴"。而大威德殿和度母殿都为大像，与佛像并列，题名也成了出现较晚的尊称"宗喀巴"，两侧还绘有两位弟子。由此可以得出这样的结论：红殿、白殿、坛城殿壁画的年代大约在15世纪中期到后期，大威德殿、度母殿壁画大约是16世纪初期至中期的作品。其中度母殿还有可能晚至17世纪。

壁画的风格因时代早晚有明显变化。较早的红殿、白殿壁画题材丰富，同题材图案也变化较多，仅是各种造像的背光就有10余种，加上背光细部的一些变化，至少有30种以上不同背光。人物形体饱满而不臃肿，生动而不媚俗，色彩华丽而不妖艳，线条纤细而不柔弱，布局富于变化而不显杂乱，绘制过程中有一定的即兴发挥的成分。到了大威德殿，壁画布局开始变得单调，过分讲究对称，略显呆板，但线条和设色还比较讲究。到最晚的度母殿壁画，早期丰富多彩的造像背光只剩下两种形式，人物造型严重程式化，线条虽还流畅，但变得更加柔弱，比较多的出现沥粉堆金技法。佛传故事的背景色变为青绿色，更加接近卫藏地区明清时期的壁画风格。

五彩缤纷的天花板

西藏其他地区寺院殿堂中不太着意装饰的天花板,在古格人眼中却是表现装饰彩绘技巧的绝好载体。古格故城现存的5座佛殿中只有年代较晚的度母殿没有天花板彩绘,其余4座的天花板都绘满了彩色图案,使得整个殿堂满目生辉。经我们统计,4座殿堂的天花板彩绘图案多达626幅,总面积约有780平方米。这些彩绘图案无论是单元图案的选择还是整体构图均无一雷同,但风格特点基本一致。画面充实拥挤,每幅画面由数种至十几种图案单元组合搭配构成;多用色线勾勒,很少用墨线;平涂施色,较少晕染。构成整体画面的基础单元图案的题材丰富庞杂,分类统计至少有130种。大致可以分为人物、动物、植物、法器及吉祥物、云纹、几何纹、梵文等。

人物类中数量最多的是绘在莲花曼荼罗图形中的佛与菩萨小像。由于形体过小,细部表现较困难,一

红殿天花板彩绘图案

般只求大轮廓，难免有千人一面的现象。白殿和大威德殿每幅天花板的中央几乎都是这样的莲花曼荼罗以及其中的佛和菩萨小像。天花板彩绘中数量较少的度母像、天王像与壁画中的同类造像相比似乎也并无特别之处。与壁画造像、技法迥异的是形形色色的伎乐天、飞天、力士等。伎乐天均为舞蹈天女，服饰大同小异，长发挽髻垂后，或带花冠。上身穿紧身半袖衫，袒露胸乳和小腹，肩披绕臂外飘的帛带，下穿贴体长裙，腰肢扭动，手姿各异，动感极强。有的伎乐天还做跳跃状，双手持花穗起舞。飞天有男女之分，其中白殿天花板中有一幅四飞天图较为奇特，四位飞天，男女各半，围绕四片云朵牵帛起舞，对角布置在一个方框内。（见图1）力士的造型和构图更为多样，有单人、双人、四人等类型，大多为挽髻，耳饰大环，上身赤裸，下穿短裤，作奋力托举或舞蹈状。较典型的有四力士托举法轮图，四位力士以不同姿势环绕法轮，或以双臂拥托，或以胸顶背扛，动作幅度较大，略微夸张。（见图2）另有一种四联力士更是妙不可言，正视若两背相靠，侧视若两腹紧贴，腹背间以帛束成十字形，只绘两个人体，却可看出四个人体，有一种魔幻效果。极像内地明清时期的"四喜人"图案。（见图3）

天花板彩绘人物图案

动物也是图案中常用的素材，计有龙、凤、狮、象、摩羯鱼、鹿、羚羊、独角兽、马、孔雀、迦陵频伽、鸭、雁、鹦鹉等十余种。每种动物又有各种形态，如龙就有盘龙、走龙、双龙缠绕、四龙缠绕等不同样式。这里我们选择一些较为典型的图案分析其造型。红殿天花板中有一幅双龙缠绕图，两龙相对跨骑，后足站立，前半身从对面胯下钻出向上扭曲回首，两龙头相对，口吐火焰，周饰数朵彩云。白殿的丹凤展翅纹样中，丹凤颈长伸，双翅展开，翎羽长若飘带向两侧飘舞，头周围延伸出火焰状纹，整个形体被巧妙安排在一个柿蒂形的框中。交颈双凤图是在一个长方形框内构图，两凤长颈相交绕，展翅双飞，尾羽下部及两侧飘逸飞动，凤口各衔一支忍冬枝叶的莲花，使画面更为充实，全图采用对角构图，平衡对称。以交颈的形式表现的对禽对兽还有一种双独角兽，兽的身体略似雄狮，头部怪异，顶生独角，两兽抬腿相向，绕颈回首，尾部上翘，似在亲昵斯磨。动物图形中也有像四联力士那样的构图，两狮背对背相靠，腹部间束十字交叉宽帛带，转 90 度看又似乎是腹对腹相贴。摩羯鱼原为印度神话中一种长鼻利齿，身形似鱼的神兽，传为水天、夜叉之乘骑，又是恒伽女神的变化身，古格天花板图案中比较比较多见。它的形象是上吻长而上翘，短角小耳，头似龙，身形如鱼，遍体覆鳞。白殿有一幅圆形图案的摩羯鱼较为典型，摩羯鱼整个身体盘蜷在一个圆圈内，长舌伸出变为忍冬卷草纹，鱼尾上卷成扭曲螺旋的繁复忍冬纹。红殿的一幅双鸭背立图是禽类图案中的杰作，图中双鸭相背挺立，口衔折枝忍冬莲花，贴胸装饰上卷的忍冬纹，站立在覆莲座上，座两侧各伸出折枝忍冬纹。此外，四雁环立图、四兔追逐图、鹦鹉牡丹图等图案也都极为精彩。

植物图案大多为变形的花草，很少有写实的。因为已经失去原形，成为装饰性图案，所以很难一一分类辨识，大致可以看出多是莲科、菊科花朵和忍冬卷草类的图案。花朵既有盛开状的，也有半开或含苞待放的，衬以花叶组合成不同图案。忍冬卷草几乎全部以二方连续的方式构成条状图案，还有一些忍冬花纹变形作圆形、菱形、梭形的图案单元。

在人物、动物、植物三大类图案以外，还出现了金刚杵、金刚剑、摩尼宝珠、八吉祥物（法轮、法螺、宝伞、华盖、莲花、宝瓶、双鱼、盘长结）、杂宝（通常包括金锭、银锭、方胜、犀角、珊瑚、灵芝等，一般集中对称排列）等法器和宝物图案；六字真言、十大自在相等梵文图样；流云纹、万字纹、四出如意云纹图案以及毯路纹、龟背纹、琐纹等几何纹样。

在天花板彩绘图案的构成与组合方面，古格的画匠们几乎使用了所有图案构成的方式，如对称、均衡、适合、二方连续、四方连续、散点、重叠等。通过巧妙的安排和具有非凡想象力的设计，制作出一幅幅完整紧凑、变化多端、绚丽多彩的图案。

天花板彩绘纹样举例

刻在卵石上的艺术

古格故城保存至今的石雕作品除一件高浮雕的石佛造像外，主要是4000多件线刻造像和藏、梵文经咒刻石，这种雕刻在卵石或石块、石片上的造像及经咒，在藏语中统称为"玛尼石"。根据最新的发现，早在8—9世纪的吐蕃时期就已经开始使用石片或卵石雕刻小型佛教造像，我们曾在西藏东部的芒康县帮达乡然堆村发现19件具有明显吐蕃风格的玛尼石。制造玛尼石的传统一直延续至今。古格故城的玛尼石大部分镶嵌在遗址北部缓坡地带的几道夯土墙或土坯墙体上，个别窟洞门外的崖壁上也偶有镶嵌。嵌在墙体的玛尼石因夯土或土坯墙体剥落坍塌，只有个别石刻尚在原位，绝大多数坠落在墙脚下，但仍然完好无损。玛尼石的石材只有少量是石片，大多数都是用稍扁的椭圆形天然花岗岩卵石刻就。卵石的磨圆度较好，表面较光滑，直径在20—60厘米之间。雕刻技法基

嵌在墙上的玛尼石（宗同昌拍摄）

本是减地阴线刻，刻纹较浅，但图案十分清晰。雕刻的题材分为两大类，一类是各种佛教造像和佛塔，造像包括壁画中常见的佛、菩萨、金刚、天王、佛母、度母、高僧、法王、供养人等；另一类是藏文、梵文的三字真言、六字真言及其他经咒。

受石材质地和体量的限制，玛尼石的造像很难在一块不大的石面上雕刻出较多的图像，细部的表现也不可能刻画入微。造像多为单体，只有少数几块刻出三人组合或多人组合的一铺造像。背光、头光仅用一种简单的带状环表现，不加其他纹饰。对卵石形状的选择往往根据所刻造像的需要，站立的造像选择稍长的椭圆形卵石，

佛教艺术的绝响　237

玛尼石佛像（宗同昌拍摄）

坐像选择稍圆的卵石，充分利用卵石的自然形状因材雕刻。

玛尼石造像的种类较为丰富，佛像有近10种，有立姿，有坐姿，除了常见的释迦牟尼，还有药师佛、无量寿佛等。其中一件释迦牟尼成道像刻在略呈长方形的卵石上，释迦牟尼外穿袒右袈裟，内穿齐胸长裙，结跏趺坐于覆莲座上，右手指地印、左手定印，头光之上刻出菩提树的树冠，象征释迦牟尼在树下修行证果，得道成佛。菩萨和度母像有30多种，一眼就可以看出这些造像与故城佛殿壁画中的造像保持着完全一致的造型和风格。如度母均是高髻宝冠、耳饰大环、上身穿半袖紧身衣，袒露双乳和小腹，丰乳细腰。以四臂观音为中心的三尊像是少数几件多人组合的造像刻石之一，四臂观音居中结跏趺坐，右侧刻怒发直立、跨步而立的金刚手，左侧刻一手持莲花、一手举剑的文殊菩萨。三尊像共用一个三联背光，这种背光在壁画中是见不到的，只有在因材雕刻的玛尼石上才会出现这样删繁就简的形式。在壁画中多头多臂、佩饰复杂的大威德金刚、六臂玛哈嘎拉（大黑天）等护法神像在玛尼石上也都做了简化处理，突出特征，抓住动态，线条简约，轮廓清晰，整体效果很好。

高僧大德也是玛尼石表现的重要题材，一些在壁画中不太引人注目的高僧像单独刻在卵石上便一下子醒目起来。有一块玛尼石上刻着米拉日巴尊者在山洞中修行的图像，这是一位在西藏佛教史上充满传奇色彩的人物，一生实修苦修，坚韧不拔，成为噶举派的

玛尼石刻——高僧大德

第二代祖师。图中的米拉日巴肩披长发，穿袒右长袍，结游戏坐，左手托腮，面露微笑，右手搭膝，坐姿随意，丝毫没有苦修者严肃拘谨的做派。他身周及两侧的曲线写意地表现了山洞，身后右侧刻一灶，灶台上反扣一个双耳釜，生活气息浓郁。

三法王像是玛尼石刻中的一件重要作品。所谓"三法王"是指吐蕃王朝弘扬佛法的三位赞普——松赞干布、赤松德赞和赤热巴巾。造像刻在一块椭圆形的较大卵石上，三位法王的形象和服饰与壁画中的古格王室成员一样，头缠巾，耳饰大环，长袍加身，足穿长鞯靴。中间是松赞干布，头顶显现出佛头，左手结大梵天王印，右手结与愿印，左肩有一朵莲花；右侧应为赤松德赞，双手结法轮印，两侧各一朵莲花，莲花上分别放置着金刚剑、经书；左侧是赤热巴巾，两侧莲花上放置金刚杵、金刚铃。三尊并坐在一个大的覆莲座上，背后是连为一体的连弧背光。

贵族妇女诵经礼佛图同样是一件极为罕见的刻石。卵石上部刻垂帐，左上角有一尊小佛像，正中的贵妇头梳长辫，内穿长袍，外加披风，盘腿坐在坐垫上，服饰与壁画中的王室家眷基本相同。贵妇一手持念珠，一手翻经书，经书之下是交叉腿的活动经书架子，右

玛尼石刻——天王、菩萨、三法王

侧刻一个装饰有花边的小柜子，柜上置一水壶和一个插着花的小瓶。

藏文六字真言刻石都使用规范的"乌坚体"（喇嘛多用此字体抄经，刻板印刷也使用，故俗称"喇嘛体"，相当于汉文的楷书或印刷体），不少还在真言之下装饰莲瓣纹、双鱼纹、伞盖纹等，使千篇一律的刻石有一定的变化。梵文六字真言刻石多使用兰札体（或译作"蓝查体"，11世纪以后从印度婆罗米文演变出来的梵文书写字体），只有一件使用了悉昙体（6世纪至12世纪流行的梵文书写字体），这是西藏13世纪以后不大使用的一种字体，很可能这件刻石年代较早。

古格故城的玛尼石数量很大，绝非短时间所能刻就，但从风格和题材上有看不出来阶段性变化，孰早孰晚无从推定。与西藏的前藏、后藏地区相比较，古格的玛尼石具有一定的地方特点，一是选材大多为天然卵石，不用加工整形，在面积较大且平整的一面雕刻（卫藏地区以石片、石块居多）；二是刻工较细，线条圆润流畅；三是以造像为主，造型题材丰富，包括了古格壁画中的大多数造像类别（前藏、后藏以六字真言及经咒为主，造像相对较少）；四是大多数玛尼石镶嵌在夯土或土坯墙上，形成蔚为壮观的玛尼墙。

方寸之间的众神

古格王国故城遗址还发现一大批小型佛教艺术品——模制泥造像及泥塔和经咒印泥板,这类造像在藏语中称为"擦擦"。擦擦是藏语音译,源自梵语,有复制、传播的意思。通常是在先铸造后雕刻的金属模具内填入软泥,脱模而出即成浮雕效果的泥造像或圆雕效果的小塔。大者盈尺,小者不足方寸,刻画入微,毫发毕现。题材有佛、菩萨、度母、佛母、金刚、高僧、佛塔、经咒等。泥像或泥塔制成晾干后,通常要经过喇嘛诵经加持,方可作为正式崇拜物放置佛塔内或供入寺庙。有些还直接堆放在被认为具有灵性的山洞中或山上的巨石下供养,也可以放入小佛龛(藏语称"嘎乌")随身携带作为护身符。

古格故城遗址采集的擦擦出自残佛塔、殿堂和一些窟洞中,以佛塔和窟洞内采集到的为多,仅在编号为Ⅶ区 2 号的窟洞内堆放的擦擦就达万枚以上。擦擦数量虽多，但种类不过 30 余种。经过整理，我们将之分为 9 类，不外乎是壁画、玛尼石刻造像常见的佛、菩萨等，只是材料不同，表现形式不同而已。

佛像种类有 6 种，比较典型的是一佛二弟子像和无量寿佛六尊像。一佛二弟子擦擦高 7.4 厘米，比一个香烟盒略小，外形呈圆拱形，佛陀结跏趺坐于双狮须弥座上，佛两侧侍立比丘相的二弟子，须弥座以上的外周装饰草叶纹、火焰纹的双重背光，背光之内有不太清晰的藏文经咒，背面戳印八塔图案。无量寿佛六尊擦擦外形略呈长方形，六尊造型相同的小佛分为上下两行，每尊像大小如花生米，眉目不清，服饰基本都看得出来，后背有制作时留下的手掌纹。

菩萨类擦擦有 3 种，以一枚莲花手观音菩萨立像最为精彩，菩萨头戴宝冠，上身赤裸，只有披帛和花环璎珞由颈后绕臂前飘下，花环璎珞环绕在腿前。这尊菩萨面带微笑，宽肩细腰，腰肢稍扭曲，表现出一种曲线美。另一件游戏坐的莲花手观音与众不同，这是一种用泥片按印出来的浅浮雕，外轮廓圆形，直径仅 4.8 厘米，观音头束高髻，佩戴项链，上身赤裸，下穿长裙，双手各持一支莲花，头部周围有桃形头光，像的周围遍布藏文经咒。一件十一面观音菩萨像是所有擦擦中体量最大的，高25厘米，观音站立在覆莲座上，十一面分上下五层，最上层是佛头，第二层是护法头，下三层各有三个菩萨头；八臂，两主臂合掌胸前，一臂施与愿印，其余五臂分别执净瓶、法轮、金刚索、弓、莲花等物。

天王类、佛母类各有1种，度母类有4种。

护法金刚类最丰富，有10余种，如大威德金刚、智慧勇识金刚、密集金刚、胜乐金刚等。其中大威德金刚像外径只有3厘米，比一角硬币略大，细致表现出牛头人身的大威德金刚所有细节，真正是毫发毕现，令人叹为观止。双身胜乐金刚像更为复杂，金刚有四面，每面三只眼睛，十二臂，两主臂手持金刚杵、金刚铃，拥抱明妃，其余十臂分张两侧，持各种法器。身体几近全裸，只在腰间系虎皮裙，五十人头璎珞由颈后绕臂前垂于裆下，足下踏两外道。明妃全裸，左臂勾抱金刚脖颈，右手上扬金刚杵，腰部佩戴璎珞，双脚勾于金刚腰后，周围饰火焰纹背光。

按印的佛塔擦擦有5个品种，全部采集自古城遗址东面3公里卡尔普遗址的残塔中。是用一种类似于封泥印章的印模在薄泥片上按印制成，有梵文单塔、藏文单塔、三塔、十塔、十七塔等。十七塔擦擦较为

擦擦——莲花手观音

擦擦——十一面观音

擦擦——大威德金刚

擦擦——六臂护法

清楚,中央是一个大塔,两侧各一塔稍小,两侧上方各一塔又略小,其余的十二塔小如绿豆,仅具轮廓而已。中间较大的 5 个塔表现出塔座、塔身、塔刹,从塔座和塔身形制可辨出是天降塔、吉祥多门塔、菩提塔,塔之间遍布藏文经咒。

擦擦——三塔(宗同昌拍摄)

模制泥造像的做法源出印度，属于佛教造像功德的一种，制作并供养可荐福禳灾。义净的《大唐西域求法高僧传》载："归东印度，到三摩呾吒国，国王名曷罗社跋毛……每日造拓（脱）模泥像十万躯。"并说"西方法俗，莫不以此为业"。可见当时印度此风之盛。

佛教东传汉地，北传西藏，这种习俗也随之而入。汉地尤以唐代为盛，寺僧、信众以此为善业，造泥像供养。当时称之为"善业泥""善业佛"，或径直称为"脱佛"，将同样方法制作的小泥塔称为"脱塔"。敦煌晚唐卷子中有数篇《印沙佛文》记载当地制作模制泥佛像的盛况。长安作为唐王朝的首都也多次出土此类泥佛像，形制、题材有 10 余种。从泥佛背后的题记中可见永徽、元和等年号。五代以后，模制泥佛做法在汉族地区不再盛行，在藏传佛教地区却逐渐流传开来，并一直延续至今。自宋代始，不唯藏族地区广为流行，还随着藏传佛教的传播远传北方广大区域。宁夏就曾出土大量西夏时期的模制泥佛、泥塔，甘肃、新疆、内蒙古的一些遗址都曾出土元代藏传佛教的泥佛、泥塔。《元史·释老传》还第一次将藏语的模制泥佛、泥塔音译为"擦擦"。"擦擦者，以泥作小浮屠也。……做擦擦或十万二十万以至三十万"。足见这类泥佛、泥塔不做则已，一做则数量巨大。

我们在分析古格故城遗址采集的模制泥塔时，从形制、风格明显可以分为两组。A组是从古格故城以东3公里的卡尔普遗址残塔中采集的，泥片较薄，无论佛像还是佛塔均为按印的浅浮雕效果，周边多有翻起的泥沿，背面留有掌印纹。B组是从古格故城殿堂、窟洞中采集的，多为脱模制法，外轮廓规整，造像均为高浮雕，服饰繁缛，精细入微，造像题材更加丰富。两组风格差别如此之大，绝非同一时代的作品。A组简单朴拙，具有较浓郁的印度、克什米尔地区佛教艺术特征，年代可以追溯至12世纪以前。B组风格已经完全西藏本土化，与西藏其他地区的同类作品难以区分，应当是古格王国中期约14世纪之后制作的。

不同寻常的面具

在Ⅵ区126号窑洞内堆积了上万支红柳枝和竹枝制成的箭杆半成品，我们在清理这些箭杆时发现一件深藏在底部的骷髅形面具。当时并没有引起特别注意，只是把它作为藏传佛教跳神仪式上喇嘛所戴的一般面具归档登记。晚上，笔者照例在烛光下记录当天的考察日志，又把这件面具拿出来仔细观察，发现了令人吃惊的内容。

面具整体呈薄壳状，外观是骷髅形，可以戴在人脸上。面具由数种材料制成，中间是一二层涂有糌糊的本色棉布，内外各裱糊一至三层纸，外侧表面的纸上敷一层夹有植物纤维的薄泥皮，泥皮表面磨光并涂白色，眼窝、颞窝、鼻下及牙齿的部位用淡红色涂绘晕染，两颞后缘系布条用于戴在人脸上。表面泥皮局部脱落，下颌与后缘也受压变形，原来的高度应有34厘米，宽23厘米，比正常人的脸部略大，眼窝有孔，戴在面部可以看到外面。这些都不足为奇，西藏其他地区寺院的跳神面具也是这种形制。奇怪的是面具内外裱糊的纸上竟然有西方文字，除了内侧一张纸、外侧三张纸上是印刷体以外，其余都是手写体。当时我们初步判断为拉丁文，但没人能看懂是什么内容。一年之后，我们把面具带到北京，经中国天主教爱国委员会主教团鉴定，纸上的文字均为葡萄牙文《圣经》片段。其中面具内侧最大的一片纸上是手抄的《圣经》第一章"创世纪"中的第39、40节部分内容，讲约瑟被卖到下埃及，受主妇诬陷被囚入狱，以及约瑟解酒政之梦等情节。

这个面具不仅是一件佛教仪式的道具，还是古格王国末期本地宗教与外来宗教冲突的绝好证据。传教士们千里迢迢带来的《圣经》被一页页撕开，糊成一个西藏佛教密宗的骷髅面具，表现了古格人对异教的极大蔑视和征服的信念。麦克沃斯·杨和图齐都曾经想在古格故城遗址找到天主教在古格王国传教的证据，遍寻而不得，几十年后，这件天主教传教士遗留下来的手抄《圣经》片段终于浮出水面。

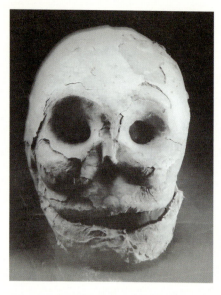

骷髅面具（宗同昌拍摄）

骷髅面具内的葡萄牙文《圣经》残页（宗同昌拍摄）

坚固的堡垒

JIANGU DE
BAOLEI

立体防御系统

古格王国地处青藏高原的西部边陲,西、北两面有信奉伊斯兰教的喀什噶尔、克什米尔地区,东南面是宗教信仰纷繁复杂的印度、尼泊尔,西邻的拉达克王国虽与古格王国同样信仰藏传佛教,却因为教派之争和利益之争一直觊觎古格王国领土。三面强邻对当时的古格王国形成了一个半月形的威胁圈,只有东面因与卫藏地区距离遥远而没有太直接的威胁。古格王国中心地区的象泉河谷地因有喜马拉雅山、冈底斯山余脉及阿伊拉日居山三面屏障,在一定程度上阻隔了外来威胁,使古格王国处于能攻易守的有利位置。但周邻国家和民族从未放弃对古格王国的侵占野心,不管是出于对异教的征服,还是出于资源掠夺、领土扩张的目的,古格王国的广阔领地和丰富的物产都令他们垂涎欲滴。

从一些非藏文的文献中我们得知,1337年至1338

年，印度的穆斯林首领穆罕穆德·图格鲁克自德里率兵数万入侵喜马拉雅山西段以北地区，在此遇到强烈抵抗，以全军覆没而告终。1532年，喀什噶尔的苏尔丹赛伊特派遣梅萨海达进军拉达克王国及阿里地区，第二年即被逐出。关于这两次战争，缺乏更详细的记载，但从事件发生的时间和地点来看，古格王国都是当事者或当事者之一。藏文手抄本《拉达克王统记》也记载过在15世纪初和16世纪末，拉达克王国与古格王国之间的两次战争。这些只是见诸文献的几次比较重要的战事，至于小规模的军事冲突和边境纠纷实际上还会更多。

为了抵御可能出现的外部入侵，古格王国在建筑都城时首先把军事防御作为最重要的因素来考虑，使之既是一个政治统治和宗教活动的中心，又是王国的坚固核心堡垒。整个城堡从山下的开阔地到山顶的王宫区，到处可见用于防卫的各式碉堡和防卫墙，就连一些房屋的底层也在外侧的墙面开设射击孔，兼有暗堡的作用。城堡的防卫设施是经过精心设计、周密配置的，碉堡与防卫墙充分利用最佳防守地形，紧密结合，相互沟通，左右支援，上下呼应，构成一套今天看来也令人惊叹的立体防御系统。

都城的三道防线

仔细分析，城堡从外至里设有三层防线。

最外围的防线由几个小据点和几段防卫墙构成，城堡东侧对面的土崩上建有三座碉堡和一段曲尺状的防卫墙，掌握着小范围的制高权；北部的扇形开阔地上分布着东西和南北两条防卫墙，横向拦阻北面的来犯之敌，并可与土崩上的据点形成掎角之势，有效控制东面的山沟。城堡西南山下有三座小碉堡和两段短的防卫墙，扼守城堡背后的山谷，崖壁还有一条暗道通向山顶。

第二道防线布置在城堡东北和北部建筑密集区的外围，碉堡和防卫墙都临崖构筑，并与其他建筑紧密相连，融为一体。东北部分的防卫墙分为上下两层，西北部因坡陡坎多防卫墙竟有上下5层，这种多层次的防卫墙对城堡中建筑最密集的地区形成严密防守，并且有效控制了各区间的通道和上山的主干道。

第三道防线即山顶王宫区周围的防卫墙和碉堡。王宫区建于土山之巅的台地上，是整个城堡的核心和最高点，四周沿着悬崖边构筑的防卫墙使本来就险不可攀的王宫区更加易守难攻，而且还可以利用这个全城的制高点协调指挥各区防守，并直接对进入山坡的来犯者实施强有力的俯攻。

第一道防线——土崩上的碉堡与防卫墙

此显彼隐的碉堡

全城残存下来的碉堡遗迹共有 58 座，散布在各处地形险要的小山包或悬崖边，居高临下，对周围地区可实行有效的监控和防卫。碉堡的平面形状有正方形、长方形和圆形三种，层数一至三层不等，多为石砌基础，土坯砌筑墙体或夯土墙体，四周墙壁较厚，墙上开设窄条状或三角形的瞭望射击孔。虽然这些碉堡都已经残破不堪，但可以看出其基本结构与现代碉堡几无二致，只不过建筑材料不同而已。土山北部山梁上的一座圆形碉堡就非常典型，平面呈规整的圆形，现仅存底层，原来是否有两层已不得而知。内部直径 3.2 米，一侧开设小门，碉堡内东西两面各有一突出的附墙墩，从内部加固墙体。四面均匀分布 4 个竖长方形的瞭望射击孔，孔的内侧略宽，外面窄，这种孔可以减少外来的攻击面积，但瞭望射击的角度和范围并不因此而缩小，可以说设计得非常科学。

结构比较复杂的是一种内部分隔数间的二层或三层大碉堡，其中底层面积最大的可达20平方米。墙体基础用石块砌筑，底层为夯土墙体，四周不设瞭望射击孔，内部以一两道隔墙将底层分成两到三个空间，以使二层棚架更加坚固结实。二层的墙体用土坯砌筑，设有等腰三角形的瞭望射击孔。这种大碉堡在城堡中数量不多，通常都设置在某个防卫区域的前沿中心部位，两翼构筑数座中小型碉堡及防卫墙，共同组成一道防卫群体。大碉堡还有可能是小区域防卫的指挥部。

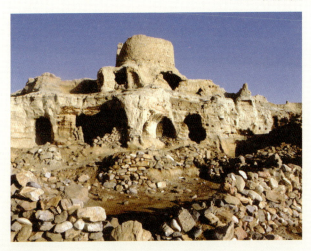

土丘上的圆形碉堡

遗址西侧的碉堡与防卫墙

防卫墙

古格故城的防卫墙也根据不同地形和功能需要设计成不同结构。北部缓坡地带总长260米的外防卫墙分为北墙和东墙两段。北墙是0.5米厚的夯土墙体,每隔五六米在墙内外两侧加筑对应的侧墙用以加固墙体。东墙则筑成内外双层的夹壁墙,外层墙厚达1.5—1.9米,内层仅0.7米厚。两层墙之间留一条窄通道,仅容两人擦肩而过,墙体较低矮,实际上就是一种地面战壕。奇特的是这里的防卫墙上原来都成排镶嵌着刻有佛、菩萨、金刚等造像或藏文经咒的卵石,现只有少数还残留在墙体上,多数已坠落墙脚。这类藏语称之为"玛尼石"的卵石原本是西藏本教的巫术道具,多在山口、重要通道、渡口、山顶等处成堆放置。行人路过时必在石堆上添放石块,还可放置骨头、破布、毛发等物,同时绕石堆呼喊"天神必胜,恶魔必败,叽叽喽喽",以此表示对守护此处战神的助威之意,祈愿战胜恶魔,保护平安。佛教传入西藏后，利用并改造了这一习俗，在卵石或石片上凿刻佛教造像或"六字大明咒"等经咒，供奉于山顶、要道、寺院附近，意义大致与本教相同。这样看来，城堡外围的防卫墙不但具有实际的军事防卫作用，而且还是具有宗教意义的精神防卫线，有敌人来犯，人借神威，神助人力之意。

玛尼石墙（宗同昌拍摄）

城堡东北部和北部的数道防卫墙分别构筑在每层崖坎的边缘，墙下的崖壁等于增加了墙的高度，连接于碉堡之间的防卫墙顺着崖壁边缘曲折蜿蜒。墙体有夯土和土坯砌筑两种，墙上多有窄条状或三角形的瞭望射击孔。这种墙不仅可以直接抗击坡下的敌人，而且借助墙体解决了各碉堡间相互联络和兵员调遣时的安全问题。

山顶王宫区的防卫墙结构就复杂得多了，除了一般的防卫墙外，还出现了土坯砌筑的上下两层防卫墙。这种墙前临崖壁边，后依靠土坎架顶，底层外墙开设竖长方形瞭望射击孔，1.7米高的地方构架第一层的顶（也是第二层的地面），第二层仅砌筑外墙，设三角形瞭望射击孔。实际上这种防卫墙就相当于一座长几十米的条形碉堡，或者说是一条防卫覆道。

城堡北侧山坡台地通向山顶王宫区的主干道隧道是上下交通的唯一正式通道，也兼具防卫作用。隧道下端入口开在距地面两米多高的崖壁上，可由台阶登上宽仅1.2米的洞口。洞内扩大成6平方米的空间，可容数人在此据守，大有一夫当关，万夫莫开的架势。隧道中段有一截是半暴露的，如同凹入崖壁的栈道，外侧砌土坯墙专设了3个瞭望射击孔，可以对悬崖下的努日笼山沟实施防御。

必须提到的还有其他建筑上的附加防卫设施。居于山坡台地的白殿、红殿顶部都有高达2米多的女墙,这种女墙在其他地方通常高至人的腰部,仅具挡水和装饰作用。古格人却把墙体加高,并开设瞭望射击孔,一旦有战事,高大的佛殿顶部如同巨大的碉堡,发挥防卫作用。

山顶王宫区的防卫墙

利兵坚甲

除了碉堡、防卫墙等防卫建筑设施，古格王国给我们遗留下来另一类与军事有关的文物就是兵器了。在古格故城遗址发现的文物中，兵器占了很大的比例，不仅数量多，种类也很丰富。这从另一个侧面体现了城堡所具有的浓厚军事色彩。兵器有防御性的，也有进攻性的；有近距离格斗兵器，也有远距离杀伤兵器；有冷兵器，也有对于当时而言威慑力十分强大的火器，种类丰富，琳琅满目，犹如一座兵器博物馆。

弓箭手应是当时古格军队中的主要兵种之一。我们在山顶王宫区 4 号窨洞（调查时因此洞发现大量箭杆和盾牌，我们称之为武器库）和Ⅳ区 126 号窨洞内（调查时称之为箭杆洞）发现了总数多达 10 万余支的竹、木箭杆，其中绝大多数还只是半成品或经初步加工的箭杆材料。发现的少量成品竹木箭杆各有三种类型。有的比较简单，在箭杆尾端削出搭弦槽（专业术语谓之"叉"），

山顶4号窑洞内堆积的箭杆及藤盾牌(宗同昌拍摄)

Ⅳ区126号洞内堆积的箭杆(宗同昌拍摄)

槽内横劈一缝加入小木楔用以扩宽槽尾，外缠藤篾并涂红色漆料，加固并装饰杆尾，最后竖贴三条用以定向的尾羽就成了，只要再安装上铁镞就能投入使用。有几支做工考究的箭杆工艺比较复杂，杆头内壁刮薄，劈成4瓣，削出斜角缝以便夹持铁镞。外缠藤篾并涂褐漆，杆尾端嵌入有搭弦槽的细木柱（专业术语谓之"栝"），自尾端向上依次缠红、绿、黄、蓝四色棉线，在竹杆上精心绘出蓝底金色网纹和红底金色水波纹，杆尾四周竖贴四条定向尾羽，总长度80多厘米。像这种装饰华丽，制作起来费工费时的箭杆绝非普通士兵能大量配备的，很可能是王室卫队的专用品。

木质箭杆的原材料应是就地取材，古格故城附近的山谷多有红柳灌木丛，枝干挺直，是制作箭杆的理想材料。竹质箭杆原材料是当地所不产的，考察队员在Ⅳ区126号窑洞的箭杆捆上发现了原来系挂的木片标签和棉布标签，上面分别用藏文写着"阿里的颇瑞""葱莎地方支差送来的竹杆"。颇瑞在阿里现在的地图上没有找到，葱莎是位于古格故城遗址西南80公里处喜马拉雅山地里的一个村庄，紧靠中印边界的中方一侧。古格王朝时期古格王国的领地，以当地所产的竹杆作为给王国的贡物。

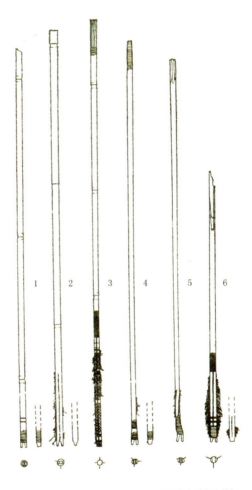

工艺复杂的各类箭杆

箭杆上系着的棉布标签（宗同昌拍摄）

  古格故城出土、采集的铁箭镞并不多，共300多枚，可以分为十几个种类，长短不等，形状各异。最长的13厘米，最短的只有6厘米。不同形状的铁箭镞应当有不同的功能。有两种铁箭镞细长尖锐，前半部如同一枚老式的方棱铁钉，这种铁箭镞具有很强的穿透力，可射透较厚的衣服甚至一般的轻甲，大概就是兵书里所说的"射甲箭"。有几种铁箭镞较宽，锋锐刃利，射入人体创口较大，犹如刺入一柄小匕首，两面的偏脊又可以起到血槽的作用，杀伤力很强。另有一种铁箭镞的两翼带倒尖，射入人体后不易拔出，若强拔箭

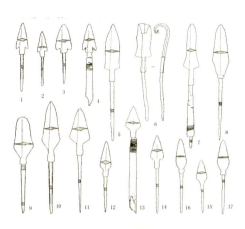

形状各异的铁箭镞（一）

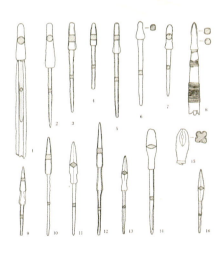

形状各异的铁箭镞（二）

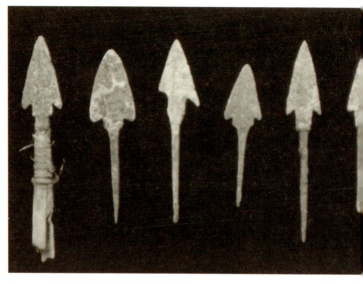

较为宽扁的铁箭镞（宗同昌拍摄）

镞会扩大创口，更是令人生畏。还有一种铁箭镞像一把合拢的伞，但头部钝圆，不适于战斗。听藏族同胞讲，这种铁箭镞是专门用来射鸟的，即可击鸟落地，又不令其破皮出血。故城遗址发现的箭杆尾羽大多采用当地常见的野鸽翼羽、尾羽，这种头部钝圆的铁箭镞有可能就是为了提供制箭原材料专为射鸟所用。另外，藏族传统的占卜中有一种鸟卜法，要将鸟的嗉囊按一定的方式剖开，观其纹路以占吉凶。用于占卜的鸟当然不能内脏破裂，只能用圆箭头射落。我们还发现一枚形状奇怪的铁镞，头部如四指聚拢，中间有孔，箭射出后在空气中旋转飞行便可以产生响声，即所谓"飞鸣镝"。所有的铁箭镞都是锻制的，同一类型的铁箭镞呈现统一规格，应当是定型批量生产以供应军队装备。

遗址中发现的刀、剑、矛等近距离格斗兵器很少，但都制作得很精细。其中有一种弯刀很有特色，刀身前半部略弯，刀尖薄锐，两侧均有刃，刀身的后半部又变成平背单刃，两面开有长血槽，能砍能刺。刀柄呈十字形，手握部位圆滑适手，原有后弯的护手片，后档圆盘以锥形铁板铆钉，整个刀柄表面在制作时曾经处理过，现在局部还能看到蓝色光泽，通体长84厘米。这件刀长短适度，轻重得宜，造型匀称美观，虽然没有嵌金镶玉，但无疑是刀中精品。完整的铁矛只发现一件，矛身细长尖锐，铤部中间装饰一个16面体凸结，末端是圆形的鐏。

完整的剑在我们调查时没有发现一件，只采集到几件残剑柄。后来朋友告知人民画报社记者曾在古格故城捡到一柄完整的短剑，照片发表在1983年的《人民画报》上。我们找来杂志一看，确实是一柄漂亮的

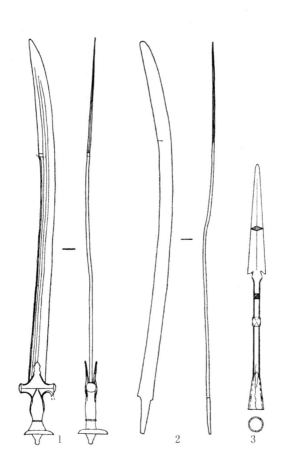

古格故城遗址发现的刀矛

短剑。通长约40厘米,剑柄的前后挡稍显宽大,与我们在遗址中采集到的残剑柄完全一样。剑身窄瘦尖利,发现时还带有皮鞘。20世纪对古格遗址的探访,我们显然是迟到者,一些较早前来访察的人曾经从遗址捡走了不少有价值的文物,现在大多不知流散何处,我们在整理考察资料时经常为此遗憾万分。1957年八一

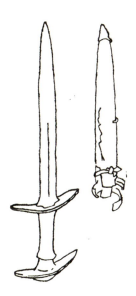

古格故城遗址发现的短剑
(根据《人民画报》照片绘制)

明代内地织造"福"字妆花缎甲衣残片(宗同昌拍摄)

电影制片厂曾派人前往阿里拍摄，1958年3月发行的《古格王国的遗迹》纪录片中就可以看到当地村民从山洞中抱出一捆刀剑和长矛，还有些配合拍摄的工作人员穿起完好的铠甲在镜头前展示。影片中还出现不少木碗、陶罐等生活用具。这些文物在我们调查时都已无缘得见。

我们初到故城遗址时就发现，在山坡的废墟中散落的铠甲片俯拾皆是，于是每天上山调查归来都拣选不同类型的铠甲片带回驻地，一月下来，竟然捡了100多公斤，铠甲片在帐篷里堆了一堆。我们按照考古学的分类法将铠甲片一一拣选，分了11型、36个亚型。铠甲片都是用熟铁锻打制成，轻薄结实，形状有方形、长方形、圆弧端头的条形、椭圆形等多种。每个甲片上都有多寡不同的孔洞，以便皮条连缀，少则2孔，多则14孔。不同的甲衣、不同的部位所使用的甲片都不相同。有些用皮条直接串联编缀，有些用皮条连缀在内衬的织物上，有些还用铆钉铆接在衬布上，形式多种多样。采集到的甲衣均残破不堪，只有十几件可以看出大体形制或部分形制。主要形制是一种长及膝部的带袖对襟甲衣，这种甲衣还在胯两侧开叉，除了领部、袖子以外，其他部位都不加衬里，直接用皮条编缀铁甲片，极为厚重，其中一件较大的残甲衣重20公斤，如果甲衣完整的话，可以达到25公斤。这种甲衣的制作过程很复杂，要选用数种甚至十几种不同的甲片连缀而成，领部用一种向外弯成弧形的甲片编成单排，外面用羊皮整体包裹缝制，肩部、前胸后背、腰、下摆、上臂、小臂等部位所使用的甲片都不一样。总的原则是既要防护身体，又不能过多影响身体运动的灵活性。如肩部周围使用一种较短小的10孔甲片，皮条连缀宽松，使活动幅度最大的肩臂部位尽可能减少限制。腰部用一排弯曲成"S"形的甲片上下连接胸部和腹部，方便弯腰。袖部分上下两段，上臂用11孔小甲片连缀成筒状，肘部以下是覆有靛蓝色棉布的羊皮袖，最下端伸出袖舌防护手背，小臂外侧缝缀方形4孔和圆形2孔小甲片，甲片上还装饰圆环纹，实用美观。

另一类很可能是叫作"披膊"的甲衣，仅能遮护领部、肩部及前胸后背的上半部。因为结构比较简单，这种甲衣只用三种甲片，领部用一种10孔甲片单排横列连缀，内包衬羊皮以免磨伤脖颈，后背的中脊部用方形6孔甲片竖排一列，两侧其他部位都用弧端条形的9孔甲片连缀。这种披膊防护部位有限，很可能是配合身甲在使用的。

残甲衣中最为讲究的是一对护腿。5排长条形铁甲片列成横排铆钉在底衬上，底衬的面料是漂亮的蓝底福寿字灵芝纹妆花缎，中层是靛蓝方格棉布，底层是本色白棉布，护腰部分还在中层和底层之间夹敷薄薄一层棉花。甲衣底衬使用的所有材料都是古格王国时期的"进口货"，经纺织史专家鉴定，表层的妆花缎是明代江南织造的织物，各色棉布有可能来自印度。这两件从山顶王宫区采集的甲衣护腿部分，无疑是王室成员曾经使用过的高级甲衣残片。

遗址采集到的甲衣或缺襟或少袖，已经无法看出原来的整体原貌。所幸城堡中的白殿、红殿、大威德殿壁画中保留有一些铠甲武士的图像可资参考比较。武士像所穿着的铠甲均为一种长不过膝的对襟半袖甲衣，衣襟和下摆及袖口露出织物或皮革的镶边，腰系布带扎紧甲衣，很像前面描述的第一种甲衣。不过壁画中都是半袖，而实物中多为长袖而已。为了进一步为古格王国的残甲衣找到可以比较的资料，笔者查阅了宋代官修的军事著作《武经总要》。发现书中收录的宋代披膊和古格王国发现的第二种甲衣很相似。再查找明代的甲衣，可以找出与古格妆花缎护腿残甲衣形制类似的记载。

古格壁画中的武士不仅身着铠甲，头上还戴有头

古格壁画中的铠甲武士形象

盔,一手持盾牌,一手挥动剑或短戟作拼杀格斗状,使我们得以一睹古格将士当年的风采。从壁画上看,古格武士的头盔由盔顶、盔帽片和甲片护颈构成。盔顶饰有红缨或插有小旗,也许是作为在战场上厮杀中辨识敌我的标识,我们在城堡中采集到 4 种盔顶、十几种形状稍有差别的盔帽片。盔顶大体上都呈喇叭状,上面的顶柱上凸出一到两圈凸棱,下面喇叭口一周钻出 8 个小孔,可以用皮条连缀盔帽。盔帽片分为底片和表片两类,都在两侧、上端及底缘钻有小孔,两侧的孔是连接相邻盔帽片的,底缘的孔连接护颈甲片,顶部的孔连接盔顶。在发现的盔帽片中有一件底片和表片的连缀皮条尚未断掉,连缀形式总算清楚。而且下缘还残留两排护颈甲片。我们从采集的盔帽片和护

坚固的堡垒

颈甲片中选出相同类型的，再配上一个盔顶，用皮条连缀复原出一个头盔的大体形状。接着，我们又对所有盔帽片作了分类搭配，至少能组合出6种大同小异的盔帽。由于没有发现较为完整的盔帽实物，对头盔内是否有内衬及内衬的材质已经不得而知了。

作为个人防御兵器的盾牌在古格故城遗物中发现有两大类，一类是皮盾牌、一类是藤盾牌。皮盾牌只发现两件，形制不同。一件使用两层厚牛皮、一层羊皮叠贴铆钉成的圆盘状盾牌，直径55厘米，小巧结实。表面染成黑色，铆着6个莲瓣状的铜泡饰，盾牌里侧在铜泡饰的对应点上铆接6个铁环，然后再用皮条两两穿连成三个把手。持盾时将小臂向上穿进下两个皮条把手，手握上面的把手。笔者曾用这种持法试了一下，可以把握得很稳，不会出现摇晃转向的问题，而且并不影响持盾的手臂上下左右活动。另一件皮盾牌已经残破，用内外两层皮子叠压，为了增加强度，在周围用铁皮包边并用铆钉订边。原盾牌表面的圆泡钉和里侧的把手都已缺失，从遗留的痕迹看，造型与前一种皮盾牌大致相同。

藤盾牌数量较多，基本完整的有34件，仅在被称为"武器库"的窑洞中就发现了28件。所有藤盾牌中

复原后的头盔

皮盾牌

只有一件小盾牌与众不同，其余的基本属于一种类型。小盾牌整体呈锥形，直径55厘米，很像一只厚实的斗笠。中央是圆形木盘的芯，藤条沿木盘向外盘绕21圈，每周藤条都用棉线交叉缠绕于紧邻的藤条圈上，紧密绑扎。盾牌外缘用牛皮包边，盾牌里侧中心安装一个短木棒作为把手。

数量较多的另一类藤盾牌就要大得多了，直径都在70—80厘米，中央没有木盘，藤条直接盘绕成型，中心稍稍外凸，略显锥形。藤条之间用藤篾缠绕紧密，成型后在盾牌正反面绘出放射状的装饰图案，正面再铆钉铁饰件或铜饰件。大多数饰件上有镂空花纹和錾刻花纹，既可加固藤牌又使得表面美观。其中有几件表面铆钉的饰件非常复杂，中央固定一个大的圆锥形泡饰，泡饰周围加工出镂空花纹；外面一周环绕着4到8个小的尖锥形泡饰，镂空的铁条沿四周呈放射状密密麻麻铆钉。有些藤盾牌里面还衬有羊皮，以皮条做成把手。

古格王国的军队中不但将士有防御的铠甲、头盔、盾牌，战马也有相应的防护用具——马甲（宋代称之为"马具装"）。在古格故城考察的最初一段时间，我们往往把马具装的铁甲片与战士的铁甲片混在一起，

藤盾牌

直到发现较完整的马具装身甲、搭后等部位，才开始把马具装残片从战士的铠甲中识别出来。马具装的铁甲片种类远没有战士的铠甲那么丰富。因为全是缝缀在衬底上的，无需经复杂编缀，所以孔眼较少，最多只是4孔，但大都显得奇形怪状。除了常见的方形、长方形、圆形，还有三角形、花蒂形、蝴蝶形、圭形等，其中一部分表面凸起空心乳钉。

在遗址中采集到10件马具装的不同部位，大体可复原出古格时期战马的全身披挂。我国中原地区唐宋时期的马具装通常由4件配置而成。按照《武经总要》中的记载，把马脖子上的叫"鸡颈"，挂在胸前的是"挡胸"，披在马身前半部及中部的叫"身甲"，盖在马鞍后边马臀上的叫"搭后"。除此以外，还有护在马的脸部的"面帘"。古格王国的马具装与中原地区的稍有不同，鸡颈与身甲是连成一体的。身甲部分与搭后大小相同，在中腰的马鞍下系连。由于没有发现实物，无法确定古格马具是否装有面帘。

1998年我们对遗址进行复查时，还发现了一件连带鸡颈的身甲，保存非常完好。整个衬底由红、蓝、白三色棉布拼合面成，中间加本色薄毛毡的夹层，衬里是白棉布，上下三层相叠缝制。身甲部分就像一块横长的褥子，马鞍位置留有梯形缺口，两侧边缘垂有牦牛尾巴编成的辫状穗或散穗。鸡颈部分是从身甲前边伸出的一对弧边三角形片。身甲的左右片表面缝缀排列整齐的方形甲片和方形乳钉甲片，身甲中脊和鸡颈部位只是用方形乳钉甲片列成单行缝缀其上，大部分表面并不缝缀甲片，其装饰意义大于实用意义。

连带鸡颈的身甲

棉布及绢衬底的马具装（局部）

搭后部分有两种不同样式，都呈长方形，马鞍位置留有缺口，与身甲缺口相对应。其中一件在后侧中间伸出一小块以遮护马尾根部，搭后两侧的面料同身甲一样，也缝缀有排列整齐的方形乳钉甲片，边缘垂有牦牛尾散穗。

挡胸部分最简单，用方形甲片和弧边甲片连缀成一个半圆形，边缘用皮革包缝，背后衬以白色粗毛呢。

根据在遗址中发现的马具装各部位，我们对古格王国马具装的配置方式在图纸上做出复原，可以看出，除了面帘以外，马身体各部位都得到较好的防护。如果再配上面帘、马鞍、马镫，就可以成为一套完整的铠甲马具装了。

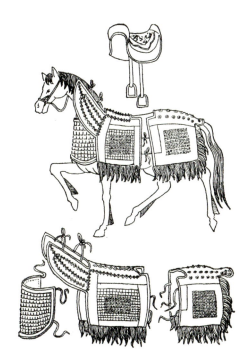

"马具装"配置示意图

最先进与最原始的武器

15世纪初,欧洲出现了早期的火绳枪,并很快配备军队投入战争。16世纪初,西班牙建立了欧洲首批正规的火绳枪部队。这种威力强大的新型武器随着殖民主义的海外扩张逐渐传向世界各地,就连地处青藏高原一隅的古格王国也得到了制造火绳枪的技术,这很可能是通过印度或中亚传入的。16世纪中后期,欧洲各国已经将火绳枪改进为更加先进的燧发枪,但在古格王国发现的几个枪筒表明,直到17世纪古格王国灭亡时还在使用当时已经显得过时的火绳枪。在古格故城遗址,我们采集到两种口径的长枪的枪管和一种口径较大的抬枪枪管。两种枪管都是熟铁锻制的,前有准星,后有瞄准缺口或瞄准孔,枪管尾部一侧钻孔,使枪膛内与外面的附加点火盘相通。长枪的外径为1.8厘米,抬枪枪管后部外径则达7.6厘米。除了枪管之外,我们还在王宫区的一个窑洞的淤土中清理出几件专门用来装火药的牛角筒。牛角筒的表面刻出密集的斜线纹，内壁稍加旋扩以增加容积，靠近口部的位置钻孔安装了两个小铁环，可以系绳携带。然后在筒口安装一个有牛角嘴的木盖，牛角嘴的大小正好可套入枪口装填火药。这种火药筒在20世纪初还有当地人在使用。

在使用少量先进武器的同时，古格人在防御战中还使用了一种最原始的武器。在半山腰的悬崖边有几孔小窑洞，立面堆满了拳头大小的卵石。这样的卵石既不能垒砌房屋，又不能铺设道路，而且堆放在处于防守前沿的崖壁窑洞里，最合理的解释就是作为投掷的武器来使用的。

古格王国作为武器的卵石

看了这些武器,我们可以试想一下当时防御战中的古格城堡是怎样的一幅景象:箭矢如蝗、落石如雨,呐喊声中夹杂着几声火绳枪的轰响,几缕硝烟从碉堡的射击孔里飘出。给攻城的敌人造成最大威胁的还是从天而降的卵石,铠甲和盾牌也抵挡不住卵石的重击。

在11世纪以后的古格王国历史中,我们没有发现它曾经对外发动过侵略性的战争,只有坚守故土的防御性战争。慈悲为怀的佛教消磨了古格人剽悍好战的性格和从吐蕃血统继承来的开疆拓土的进取精神。但面对周边部族一次又一次的入侵,古格人始终没有放下手中的武器。故城遗址留下的种类繁多、制作精良的兵器,结构复杂、结实坚固的防御工事,反映出古格人曾把大量的人力物力投入到保卫家园的军事行动中,逐渐建立起具有相当规模的军事装备系统。

关于古格的兵制,现已无法了解。从文献看,中世纪西藏各地方政权都没有大规模的常备军,基本是一种派兵制,平时为民,战时为兵,以部落为单位募集兵员。直到清代还是"按各寨番民,定以派兵数目","有事则调集为伍"。古格王国大约也是这种情况。但种种迹象表明,古格王室应该有一支常设的武装卫队,负责对王宫及都城的日常警戒守卫,很可能还承担了一部分为王室生活服务的任务。古格末期，国王赤·扎西查巴德曾撤回为其弟（当时的僧侣首领）服务的士兵，说明王室的重要成员还有自己的私人卫队，这种卫队是由国王赏赐和派遣的。故城山顶区北部建筑废墟中出土大量盾牌、箭杆、铁镞、甲衣残片等兵器，碉堡、防卫墙也相当密集，看来这里应当是王室卫队的驻防区，出土的少量装饰精美的武器应该就是装备王室卫队的。无论是王室卫队，还是临时募集的军队中，似乎已经有了不同的兵种，从采集和出土的兵器种类分析，古格军队应有步兵、骑兵、狙击手、火器手等兵种，战事一起，多兵种协同作战，保卫家园。

星罗棋布的古格王国遗址

XINGLUOQIBU DE
GUGE WANGGUO
YIZHI

古格王国的势力范围

古格王国所统辖的势力范围在不同历史时期均有不同。10世纪王国初创时期中心区域基本限定在普兰县的孔雀河、札达县的象泉河及其支流的河谷地带，北部可达日土县。印控克什米尔的拉达克地区和印度喜马偕尔邦的斯皮提地区也在古格王国初期的势力范围之内。班公湖以北日土县的丁穹拉康洞窟壁画中有古格服饰的供养人形象，壁画年代约在11世纪至12世纪之间。拉达克地区现今还有大量的古格王国初期的寺院，最为著名的阿奇寺至今保存着完好的泥塑造像和壁画。斯皮提的塔博寺是另一座保存完好的古格王国早期寺院，壁画题记明确记载这座寺院是古格王益西沃主持修建的。仅存的益西沃石碑现在还竖立在斯皮提地区一个叫作"普"的小村庄中。从藏文文献记载中，我们了解到大译师仁钦桑布曾因在弘扬佛教方面所做出的卓越贡献受到古格王的赏赐，国王将谢

丁穹拉康石窟古格供养人壁画

益西沃碑背面

尔赏给他作为私人庄园。谢尔当时一定在王国境内，能够被赏赐给古格高僧，表明古格王国对此地拥有所有权。大约 12 世纪末，第九代古格国王那德之子赞德前往尼泊尔西北部的亚泽为王，并延续数代。这很可能是古格王国为统治一片新征服的土地而进行的一次分封。

15 世纪以后，古格王国的疆域相对稳定，大体占据现札达县、噶尔县、日土县以及普兰县，中心仍然在札达盆地的象泉河谷地及其支流的河谷地带。近几十年来陆续发现的古格王国时期的 40 多处城堡、居民点、寺院遗址中，有近四分之三集中在札达盆地。这些遗址以古格故城为中心呈放射状散布在故城周围，越靠近故城核心遗址越密集，其中的十几处城堡遗址按当代人的眼光来看，可以称作故城的"卫星城"，有几座城堡的规模甚至与古格故城相差无几。特别值得注意的是古格故城西面的多香城堡遗址、南面的达巴城堡遗址、东北面的皮央城堡遗址。

古格故城以西 30 公里处的多香城堡是 1985 年一支地质调查队偶尔发现的，随后考古工作者对其进行了调查。遗址坐落在多香河东岸一个鱼脊状的土山上，建筑遗迹分布在土山西部、南部和山顶，北侧是悬崖峭壁。一条小河在山下绕过，呈"几"字形环绕山的西侧，遗址总面积不及古格故城的三分之一。几座佛殿和成组的佛塔集中在南侧山坡和台地上，释迦牟尼殿、护法神殿都有残存的壁画，护法神殿的壁画风格与众不同，大红的底色上绘着黑色的牲畜禽兽、人的断肢残臂以及各种法器，极力渲染着地狱的恐怖。密如蜂巢的窑洞群排列于南侧山坡，是当时居民的主要居住区。鱼脊状的山顶上通贯着坚固的防卫墙和碉堡，这些防卫设施和在遗址采集到的大量兵器，向我们显示出这座昔日城堡对古格王国军事防卫所起到的作用。

达巴城堡在古格故城的正南方向，两处直线距离不过20公里，中间却要穿越几道峡谷和山梁，现在的公路需绕行40公里才能到达。城堡由南北两座陡峭的小山组成，两座小山相隔不到百米，互为掎角之势，两座山上寺院、佛塔、碉堡、防卫墙、窑洞等建筑一应俱全，保存至今的残垣断壁中仍可看出原来的规模和气势。这种两座山头相互呼应的城堡在古格王国遗址中是仅有的。由于达巴城堡规模较大，又可以控制古格王国南面直至喜马拉雅山的大片地带，一直是古格王国南侧的重镇。即便到了古格王国灭亡以后，噶厦政府仍非常重视这一地区，设立达巴宗镇守边陲。

位于古格故城东北30公里处的皮央城堡严格地说只是一个大的居民点，没有完善的防卫系统，这是由城堡所处的地理位置决定的，城堡在札达盆地的腹心，远离边境，即使古格故城受到威胁，这里仍然处于后方。城堡建造在一座孤立的土山上，附近水草丰盛，很适合农耕和放牧，现存遗址附近还有一座聚集了20余户居民的村庄。遗址上的佛殿和房屋建筑都已成废墟，大体还能看出原来的格局，佛殿和房屋大都分布在南侧的山顶和山脚下，一座较大的佛殿应是当时僧侣们集中诵经的集会殿。土山南侧密集的佛塔保存得相对较好，佛塔群有规律地排列成三角形，塔座表面贴塑着两两相对的狮子，塔刹上镶嵌一层层红陶饰件。居民主要居住在窑洞里，窑洞数量逾千，甚至超过了古格故城。皮央城堡遗址以南不到两公里的东嘎村旁还有一处遗址，也在一座孤立的土山上，一百多个窑洞中有3个至今保存着精美的壁画，从洞窟的形制和壁画的内容、风格都不难看出属于古格王国早期。

这些城堡遗址对环境的选择和整体建筑的格局安排具有多方面的共同特征：遗址必须靠近河流，附近有良好的牧场，可以引水灌溉种植农作物；遗址都建在一座孤立或半岛式的土山上，地形险要，便于据守；

各种建筑依山而建，充分利用山势地形；有相当数量的窑洞。类似的遗址在札达县还有不少，如琼隆遗址、香孜遗址、卡孜柏林遗址、热嘎下遗址、卡尔普遗址，这些遗址或大或小，或远或近，散布在古格故城周围的山间河谷，形成一个疏密有致的网状结构。此外相距遥远的普兰县香柏林遗址和日土县旧宗遗址可以被视为古格王国向南北伸出的两只触角和扼守南北的两大据点。

现在的札达县是当时古格王国统治的中心，境内存留不少王国时期的遗址、寺院。1985年考察期间和1988年复查过程中，我们曾对卡尔普遗址、多香遗址、玛那遗址、托林寺进行了初步调查，调查的结果使我们从更多方面了解到古格王国当时的情况。

近在眼前的卡尔普

卡尔普遗址是距离古格故城最近的一个遗址,在故城以东3公里的小山包上,与故城遗址遥遥相望。1985年考察古格故城的最初一段时间,我们并不知道有这么一个遗址。札达县境内特殊的土林地貌让每一个身处其中的人都感到困惑,长年的风雨侵蚀使湖相沉积的土山远远望去就像一座座城堡废墟,走近一看才大呼上当。所以远看土山,孰为自然?孰为人工?很难分辨。多亏札布让村民的指点,我们才准确找到近在眼前的卡尔普遗址。

遗址所在的小土山地形与古格故城极为相似,不过规模小得多。不足百米的山梁从南侧的山峦中凸伸出来,东、西、北三面都是比较开阔的缓坡,西面有一条浅谷,两眼小泉水冒出的潺潺细流周围形成一块面积不大的草坪。这座遗址中没有找到像样的房屋遗迹,更不见佛殿、碉堡的痕迹。调查下来,总共有76孔窑洞、

天然的土林犹如人工建造的城堡

2座佛塔的塔基、一条暗道和一段残长12米的土坯墙。

窑洞依山梁东西两侧的坡坎分二至三层南北排列，有三分之二的窑洞还看得出形制，其中有半数以上明显是民居，开凿的技术与古格故城完全一样。有一座双室的民居窑洞保存较好，主室平面呈长方形，后壁挖出小洞，洞前砌泥灶，两侧壁有3个壁龛，侧室在主室的右后角，从门洞进去是一个椭圆形的洞室，洞壁上挖有两个壁灶。这个窑洞曾经长期有人居住，主室、侧室壁面上积着很厚的烟炱。

两座残佛塔在山梁西侧80多米的缓坡上，塔身和部分塔座已经坍塌不存，分辨不出属于哪种形制。塔座内的角落还存留着原来封存其中的模制小泥佛和按印佛塔。此处采集的标本与古格故城的同类遗物比较，显示出古格王国早期特征。

总体看来，卡尔普遗址是古格王国早期至中期的一个邻近都城的居民区，居民可能是与王国统治者关系较近的一个部落。该部落在古格王国中期以后迁徙他处，这里便沦为一片废墟。

河谷里的多香城堡

多香城堡也是我们在 1985 年考察期间前往调查的。8 月 15 日,我们在没有找到向导和马匹的情况下,仅靠古格看守人旺堆大爷提供的大致方向和含混不清的沿途地形就贸然出发了。翻过两个山梁之后,我们在曲折蜿蜒的山谷里误入歧途,本来就若隐若现的羊肠小道彻底消失了。下午 3 点,骄阳似火,沮丧至极也饥渴至极的我们只好决定沿来路返回。两天之后,我们找到向导并租了一匹老马,再次前往多香。这次向导带路,老马识途,30 公里的山路走了 7 个小时,在转过一道山梁之后,我们的目的地多香山谷终于展现在眼前。多香河从南往北流去,河岸边的青稞地里一片绿色,几座土黄色的村舍散落在西面的坡地上,多香城堡下佛塔的红色塔刹也从山坡后显露出来。

多香城堡遗址坐落在多香河东岸台地的一个土山上。台地高出河床 25 米,土山顶部高出台地约 90 米,整个土山呈鱼脊形，东西横列拦在河谷谷地的北边，河水从土山下向西绕行，到了西侧山嘴旁的谷口夺路北去。城堡的建筑遗迹主要分布在山顶及西侧、南侧的山腰和山脚下，遗址总面积约1.2万平方米。

为了方便调查，我们把城堡遗址分为西区、南区、山顶区3个区域。经过两天的调查，统计出73座房屋建筑遗迹（包括佛殿）、16座碉堡、15座佛塔、176孔窑洞和两道防卫墙。建筑遗迹的分布有一定的规律，碉堡、防卫墙等防卫设施主要集中在西区和山顶区，民居、僧舍、窑洞散布于南区山腰和西区东半部，佛殿和佛塔分布在南区山脚下的坡地和台地上。这里的建筑所遭到的破坏比古格故城更加严重，佛殿、房屋、碉堡都成了废墟。

从一些迹象分析，几座佛殿被毁坏的时间比较晚，虽然佛殿的顶部已经不存，但仍残存部分塑像和被雨水冲刷过的壁画。其中较大的一座佛殿外表涂成红色，我们按照在古格故城调查时的习惯，称之为"红殿"。这座殿堂正门有前厅，旁边有僧舍，是一个小规模佛寺建筑组合。前厅建造年代稍晚，是后来扩建的，高度比正殿稍低，外壁涂白色。厅内没有发现塑像、壁画痕迹，厅后壁正中是正殿的门，右侧的小门与4间僧

多香城堡遗址全景

多香城堡遗址的残垣断壁

多香城堡遗址维修后的佛堂——红殿

星罗棋布的古格王国遗址

舍相连。正殿进深9.5米，宽6.8米，原来应该有6根木柱。殿后壁塑像已毁坏殆尽，仅留下须弥座和后壁上贴塑的背光。殿内壁画大多模糊不清，南北两壁绘有对称的10尊如来大像，每尊如来像各有二菩萨侍立左右。菩萨像头戴宝冠，上身赤裸，佩戴耳饰、项饰、璎珞、臂钏、手镯，下穿长裙，颈、腰、胯三点扭曲，形成娇媚动人的曲线造型。东壁的殿门两侧分别绘胜乐金刚、六臂玛哈嘎拉大像和众护法小像。

另一个保存稍好的建筑是护法神殿。由经堂（房屋）和后殿（窑洞）构成。经堂北依崖壁，其余三面砌筑土坯墙。室内面积约30平方米，原来应该有两根柱子，是一个小型经堂。经堂内东、西、南三面的壁画唯有南壁还依稀可辨，似乎是大威德金刚和四臂玛哈嘎拉大像。后殿实为一个窑洞，开凿在经堂北侧崖壁上。洞内平面略呈梯形，南宽北窄。北壁及东西壁下各有一层土坯砌成的像座，靠北壁的座上原横排三尊塑像，一尊已毁坏，现存两尊均伫立在座上，但躯体和四肢损毁严重。中间的一尊是六臂玛哈嘎拉，六臂均残，腹部损毁。东侧的护法神像两臂及一腿残缺，面部也残损，腹部被完全破坏。后殿窑洞的三面墙壁均绘有壁画，北壁和东西壁主要绘制火焰纹背光作为塑像的

多香城堡遗址护法洞内修复后的塑像

背景,在火焰纹的上部间隙还夹绘几尊坐禅修行的高僧。南壁门两侧绘六道轮回中"三恶道"里的畜生道图像,大红的底色上绘着黑色的牦牛、马、羊、犬、鹰等动物。有的狂奔乱跳,有的仰天长啸,均呈现出一副骚动不安、惊恐万状的样子。动物之间还夹杂着人体残肢及鼓、号、人颅骨碗等法器。这幅壁画的风

多香城堡遗址护法洞壁画

格不见于其他地方，黑红两色对比强烈，动物造型生动准确，犹如一幅大型套色版画。

遗址中的佛塔大多集中在土山南侧狭长的台地上，东西一字排开，可以看出原有6座大塔、3座小塔。只有最西端的大塔保存较好，其余的都只剩下塔座和塔基。西端保存较好的大塔属于"八相佛塔"中的尊胜塔，塔座平面呈亚字形，塔座四周分别贴塑狮子和八吉祥图案。塔座上是三层内收的圆台，圆台上的塔身像一口倒扣的大钟，塔身上竖立着高耸的塔刹，塔刹顶稍残，整体呈圆锥形，外表装饰红陶饰件构成的13层相轮（佛教术语称"十三天"），刹顶的木柱上还残留着部分铜饰件。

城堡遗址的窑洞大部分是民居，因为调查时间紧张，我们只选取了18孔窑洞做了详细的观察和记录。其中有单室、双室、三室等形制，7孔窑洞中有泥灶、壁灶或土坯砌筑的仓池。例如一孔单室的民居窑洞，后壁正中有一个单眼泥灶，右侧壁挖出两个壁灶，左侧壁有上下两个壁龛，顶部开设排烟孔。形制、结构、开凿技术与古格故城的窑洞一样。但有一种形制非常奇特，个别窑洞向上方挖出五六米长的通道，然后在悬崖的崖壁上打通出口，并在出口处修建悬空的瞭望台，

多香城堡遗址中粉刷一新的佛塔

就像现代高层住宅伸出的阳台。这种瞭望台很可能具有军事防御的性质。

山顶区的建筑全部挤在一条狭长蜿蜒的山脊上。山脊长约百米，宽处近10米，窄处仅2米。山脊两侧不是断崖就是陡坡，几乎无法从两侧攀登上去。山顶建筑群中有小房间22座（间）、碉堡8座、窑洞5孔。碉堡多是二层，南北两面开设窄条形或三角形的瞭望射击孔，都建在山脊端头和中间的弯曲转折处。其余的房屋在碉堡间错落相连，由一条宽0.9—1.5米的夹壁墙将所有建筑串通起来。房屋建筑的面积都很小，一般在4—9平方米之间。一些碉堡和小房间的角落里还堆积着拳头大小的卵石，应是当时防御的武器。

土山西侧的山坡上还分布着几座碉堡和防卫墙。其中有一座三层碉楼至今还残存近10米高的遗迹，顶部及隔层的梁椽虽均不存，但整体形制还较清楚。这座平面呈方形的碉楼以石块砌筑基础，土坯筑墙体，四面墙体均有收分，西、北、南三面墙体开设6个三角形瞭望射击孔。远远望去，碉楼就像一个粗壮的大烟囱竖立在土山西侧的山坡上。

多香城堡地处偏远的多香河谷，少有人探访。图齐在《梵天佛地》第三卷里有所提及："多香是一个村落，有古堡和译师（仁钦桑布）神殿。其建筑风格确属当时。多香距札布让足有一天的行程，在传记中无载，但其南面的山谷，正当路径沿着边缘转向波林山口的地方，还尚存着被人称之为普卡的遗迹。"20世纪80年代先于我们来到这里的人，只有几个地质队员，所以我们曾希望在这里发现更多的古格时期的遗物。调查时我们找遍了遗址的各个角落，还真采集到不少东西。采集品中有铁铠甲片、铁头盔片、铁箭头、弯刀，这些都与古格故城发现的文物的相同，几件残铜像、铜像座是古格故城没有发现的。其中那件铜佛座引起了我们的兴趣。佛座的造型很普通，下面是近长方形的台座，上面是覆莲瓣和仰莲瓣，与众不同的是台座正面和两侧面的图案。仔细观察可以发现在正面錾刻的9个人物，中间两个从水波中露出上身的是二龙王。头顶五龙（蛇）、引颈翘首是龙王的标识，二龙王上身赤裸，各持一支带叶莲花相对交臂。台座左侧为两位贵妇，穿着印度、尼泊尔传统的紧身半袖衫和长裙，结游戏坐姿或跪坐。右侧5人，一贵妇头覆帛带，跪坐旁顾，其余4人都是僧人，单膝半跪作舞蹈状，或各找空隙伸头观望。右侧立面是跪坐的3位僧人，穿着贴身薄袈裟，分别捧盘、帛带、香薰。左侧3人为一僧、一男子、一贵妇。三组人物的明显特征是细眉长眼,鼻梁直挺,面部多为正侧面或半侧面,线条简约,清晰流畅,人物形象和服饰都属较纯正的印度风格,在西藏很少见。

多香城堡遗址的建筑形式、布局、佛殿壁画风格、遗物特征等,都与古格故城有着显而易见的一致性。从遗址总体建筑规模和配置情况分析,这里应该是古格时期王国的一个下属治所或小邦,设有管理机构并拥有军事力量,废弃的时间与古格故城大致相同。

多香城堡遗址采集到的佛座正面(宗同昌拍摄)

千年古刹托林寺

托林寺，藏语意为飞翔寺。寺院的方位通常都被这样表示：位于札达县城西北部，实际上，应该说札达县城建于托林寺旁才对。札达县只有几十年的历史（20世纪50年代由札布让宗和达巴宗合并为札达县），而托林寺则是千年古刹。托林寺所在的象泉河南岸台地高出河床20余米，寺周地势平坦，原来多有僧舍、佛塔。1985年我们到札达县的时候，托林寺西北是一座小学校，南面是托林村和只有一条街道的县城，县委、县政府、武装部等单位排列在街道两旁。2000年以后在托林寺的东面建设了现代化的托林广场，县城面积也大为扩展，新街道纵横交错，两三层楼房的店铺沿街展开，原有格局和风貌大为改变。

托林寺南以土山为背屏，北临象泉河，佛殿、佛塔、塔墙、僧舍如群星散布，远眺气势非凡。

10世纪末，古格王国第一代国王德祖衮的长子出

从象泉河北岸远眺托林寺和札达县城

家为僧，法号为拉喇嘛益西沃。996年，益西沃初创托林寺，并将其作为古格王室的皇家寺院，之后这里又成为古格高僧、西藏后弘期著名译师仁钦桑布译经授徒的场所。1036年，古格国王沃德及其兄长绛曲沃从东印度迎请曾任那烂陀寺、超岩寺首座的高僧阿底峡进藏，驻锡托林寺讲经著述，弘传佛法，寺院也随之扩建，规模益增。1076年（藏历火龙年），在古格王赞德的支持下，在托林寺召开了纪念高僧阿底峡的法会，西藏各地均有高僧、信众前往参加，史称"火龙年大法会"，成为当时西藏佛教界的盛事。高僧阿底峡的驻锡和火龙年大法会的召开，使得托林寺蜚声整个西藏，成为中世纪的西藏名刹。

托林寺原有规模很大，包括迦萨拉康（百处殿）、拉康嘎波（白殿）、杜康（集会殿）三座大殿和色康（金殿）、玛尼拉康（经轮殿）、强巴拉康（弥勒殿）、乃举拉康（罗汉殿）、贡康（护法神殿）等近十座中小型佛殿，以及堪布宅邸、僧舍、经堂、大小佛塔、一百零八塔的塔墙等建筑。几个世纪以来，寺院建筑大都受到自然或人为破坏，前面提到的中小型佛殿仅剩下残垣断壁，保存较好的只有三座大型佛殿和一座佛塔。我们的调查就从三大殿开始了。

迦萨殿是三大殿中年代最早的，形制也最为奇特。虽然整组殿堂的顶部在20世纪60年代到70年代之间已被拆毁，塑像、壁画也被毁坏殆尽。但存留下来的墙垣和四角高耸的小塔仍可反映出原有的建筑结构。殿堂整体呈多折角的"亚"字形，实际上就是一座大型的立体曼荼罗，西藏佛教史学家认为，中心方形殿堂象征须弥山，四面的四个稍小的殿堂分别代表四大部洲，四角

托林寺迦萨殿全景

高耸的小塔代表护法四天王。1997年至1999年，国家文物局开展"阿里文物抢救保护工程"，笔者带领的考古队承担托林寺迦萨殿和其他殿堂的发掘清理，在迦萨殿中心方形殿堂的中央清理出亚字形佛像台座，塑像虽已不存，但台座四面的浮雕图案保存完好，东面金刚杵、南面如意珠、西面莲花、北面羯磨金刚杵，从这些图案分析，原来佛座上的塑像应该是四面大日如来。可以推断，中心方形殿堂四面稍小的佛殿一定是四方佛的佛殿。也就是东方阿閦佛（蓝色，手持金刚杵与铃）、南方宝生佛（金黄色，手持如意珠和铃）、西方阿弥陀佛（红色，手持莲花和铃）、北方不空成就佛（绿色，手持羯磨金刚杵和铃）。如此说来，迦萨殿中心五殿的设计理念无疑是立体的大日如来曼荼罗。

迦萨殿外围由4座大殿和14小殿组成，再加上门廊共计19座建筑。1997年调查时寺院僧人曾给我们一一指认，这19座殿分别是天王殿（即门廊）、释迦殿、大威德殿、阿札热殿、吉祥光殿、药师佛殿、观音殿、度母殿、五部佛殿、吉祥天女殿、弥勒佛殿、金刚持殿、佛母殿、修习弥勒殿、宗喀巴殿、无量寿佛殿、甘珠尔殿、丹珠尔殿、文殊殿，从这些殿名可知，多数殿名已经不是建造时的原名，而是西藏地区在15世纪改宗格

托林寺迦萨殿考古发掘现场

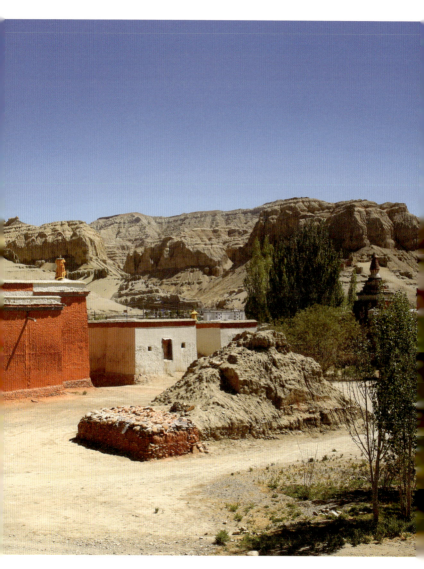

托林寺杜康(集会殿)外景

鲁派以后一次性或陆续改变的。和中心五殿一样，这些小殿的塑像几乎全部被毁坏，但不少殿堂还保留有像座和墙壁上贴塑的造像背光、头光。这组殿堂建筑既有西藏吐蕃时期佛殿建筑的一些特征，又有所变化。建筑群外围的南、西、北三座较大佛殿各自有一周礼拜道环绕，中心5殿与外围19殿之间也形成一个完整的礼拜道。僧人和信众在绕殿礼拜时，在转大圈的同时还在转着几个小圈。据藏文文献记载，托林寺是仿照桑耶寺（西藏扎囊县境内的吐蕃时期名寺，也被认为是西藏的第一座真正意义上的佛寺）而建的。但在设计时又巧妙地将桑耶寺一组庞大建筑群所表现的设计思想和内容严密组织在一幢建筑整体中，集聚浓缩，小中见大，堪称西藏古代建筑设计的上乘之作。

杜康（集会殿）是托林寺现存的两座保存着屋顶的大殿之一，20世纪60年代到70年代之间改作县商业局仓库，1985年落实宗教政策，交还给了托林寺，殿里重新有了香火。杜康主要由门廊和"凸"字形的正殿构成，门廊南北两侧是2000年以后新塑的四大天王像，东壁的大门两侧分上下两排绘有十六位舞女，图中的舞女舞姿各异，或举手过顶，或合掌胸前，面容娇美，腰肢细软，体态轻盈。上身穿短袖紧身衣，双乳袒耸，小

托林寺杜康（集会殿）门廊十六天魔舞女（局部）

腹微露，下身穿花色长裙，赤足踏舞。所用线条是一种蜿蜒流畅、极有功底的游丝描，设色清淡柔和，若隐若现。使用这种技法绘制的人物壁画在西藏极为少见。"凸"字形大殿由前面的经堂和后凸的佛堂构成，佛堂南北两侧对称分布仓库，很可能是由原来环绕的礼拜道改造而成。殿门上雕刻兽面、吉祥天女、卷草纹等图案。殿内有 36 根方柱，柱头、替木都有雕刻和彩绘。殿顶的天花板遍绘各种图案，基本风格与古格故城红殿天花板相近。常见的图案有飞天、迦陵频伽、狮子、龙、凤、孔雀、摩羯鱼、莲花、卷草、缠枝莲花、如意云团以及各种几何图案。但在构图上有所不同，大多数图案单元均显得较大，有些动物和飞天可以横跨两格，比古格故城要大气得多。

经堂内的壁画基本完好，但由于壁画表面被烟炱遮蔽，许多壁画细节难以看清。壁画的题材、构图、用色、线条大多与古格故城佛殿同类作品相似，壁画以各类佛、菩萨、佛母、度母、金刚、高僧大像为主体，周围夹绘各种小像。根据西壁北端一则藏文墨书题记，后凸的佛堂壁画内容有释迦牟尼、三十五佛、十六罗汉、大日如来及眷属、五智如来、四佛母、金刚萨埵及眷属、行续五坛城、佛传故事（释迦牟尼十二事业图）等。

托林寺杜康(集会殿)后凸佛堂壁画

其中的佛传故事内容呈分幅长卷形式环绕佛堂南、西、北三个壁面下部。经堂壁画最值得注意的是西壁北侧下部的礼佛图,图中古格僧侣和古格王室男女施主并坐一排,结印礼佛;外邦僧俗人等或坐或立,井然有序,参加礼佛仪式。整个场景和人物形象、服饰与古格故城几处礼佛图大同小异。

托林寺白殿门

白殿完好保存下来的原因与杜康类似，这里曾经是札达县粮食局的仓库，1985年我们调查时还看到有装着大米的麻袋和装菜油的铁桶。这个殿平面呈长方形，殿门朝南，北壁中央向北后凸，建造主尊塑像。殿门外原有门廊，现仅存两厢墙壁。殿门的门框、门楣雕饰莲瓣纹、卷草纹和缠枝莲花纹。殿内有42根柱子，分为南北7排，柱体方圆混杂，应该有过后期更换。柱头和替木上雕饰莲瓣纹和忍冬卷草纹。天花板彩绘图案与杜康不同，题材单调，只有莲花、卷草、缠枝莲花、如意云团等10余种，色彩、线条极不讲究，草率粗拙。殿内的地面处理很别致，全部用河卵石铺就，不同于其他殿堂的阿嘎土地面。

　　殿内原有塑像15尊，我们调查时只剩下正中主尊释迦牟尼像。佛像为高肉髻，螺发，脸型圆满，着袒右袈裟，结跏趺坐，手臂已残。除螺发为蓝色，遍体施金妆。头光两侧各有泥塑小佛塔。主尊释迦牟尼像两侧原有药师八如来塑像，南壁殿门内的两侧原有红、蓝二色忿怒金刚塑像，惜已被破坏殆尽，空余像座。

　　殿内四壁的壁画保存尚好，以各类佛、菩萨、佛母、度母、高僧的大像为主体，其中以各类佛母、度母像最为精美。其间夹绘各种小像及高僧修行图、供佛图等。

托林寺白殿壁画——仁钦桑布像（浙江大学文化遗产研究院提供）

引人注目的是阿底峡和仁钦桑布的大像。仁钦桑布头戴黄色尖顶僧帽,身着装饰缠枝莲花纹样的红色锦襕袈裟,双手结说法印,结跏趺坐,两侧侍立两弟子。阿底峡头戴红色尖顶翻檐僧帽,内穿交领僧装,外裹装饰缠枝莲花的红色袈裟,双手结说法印并拈两枝莲花,莲花

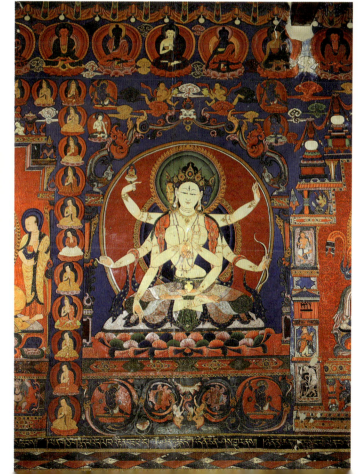

托林寺白殿壁画——尊胜佛母

上分别置金刚杵、金刚铃,结跏趺坐。两侧侍立弟子。另有一尊像据说是拉喇嘛益西沃。东壁依次排列玛哈般若佛母、顶髻尊胜佛母、大白伞盖佛母、岩穴叶衣佛母、雅音佛母大像。这些佛母的大像绘制得极为精细,就连衣裙上的织锦纹样都刻画入微,姿态、表情、服饰、手

托林寺塔墙、塔群

托林寺西南大塔

持物、背光等各不相同。南壁东侧是大幅的毗沙门天。

寺院周围残存大小佛塔100余座，另有西藏西部常见的塔墙两道，大部分集中在寺院西北侧的平坦台地上。两道塔墙东西横列，108塔连成一排，远看如同长长的锯齿，北边一道因台地边缘部分已随土崖坍塌，仅存97个小塔。南边的一道仍保存着108座小塔。塔墙的建造方式与古格故城一样，先夯筑墙体，然后分割修整出一个个塔尖。体量最大的是所谓"外四塔"，其中至今仍基本保持原状的是西南大塔，这是一座四面有阶级的天降塔，整体完整，只有塔刹缺损，塔瓶的四个龛还保留着原来的石雕柱子和龛楣。东北大塔在1998年

修葺一新的托林寺东北大塔

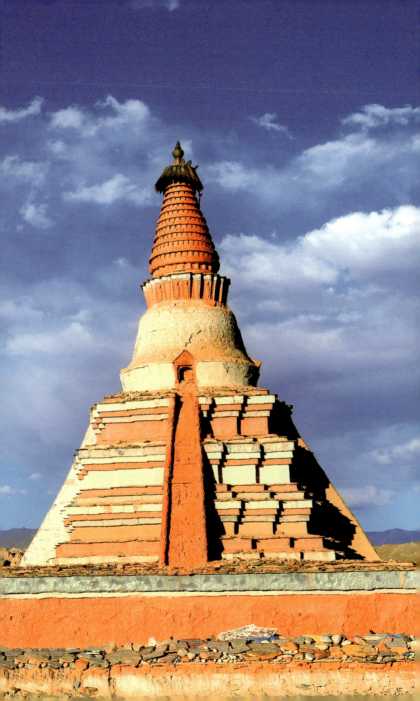

的保护工程中被修葺一新，巍然屹立在紧邻象泉河的台地边缘。其他佛塔都遭受严重破坏，一些残损的佛塔内暴露出大量模制小佛像和小塔（即擦擦），泥像的风格表明，这些塔的建造年代绝大部分是在 11 世纪。

托林寺不仅是古格王国最重要的大寺院，也是全藏区闻名的古老寺院。西藏后弘期上路弘法的许多高僧都曾活动于此，王国的不少重大佛事活动也都在此举行。托林寺的遗址与文物对于研究古格王国历史和西藏佛教史都有着不可替代的重要价值。

玛那并不遥远

第一次去调查玛那遗址和玛那寺是在 1988 年。这个距离札达县城 30 公里的地方有一条河、一个村庄、一个寺院,名字全部冠以"玛那"。玛那村坐落在玛那河谷北侧的台地上,当时村里有 17 户人家,80 年代初才进行了民主改革,村长就是以前的头人。玛那寺位于村边的开阔地上,完好的佛殿只剩下一座,10 余座小殿和僧舍的残垣断壁散置在周围。寺院里外原有 30 多座佛塔,大多仅存塔座或塔基,大体上还能看出形制的只有 6 座。玛那遗址的窑洞开凿在北侧的断崖上,初步统计有 74 孔,大多残破不堪。

玛那寺保存较完好的佛殿是强巴佛(弥勒佛)殿。殿的结构颇似古格故城的大威德殿,由门厅和"凸"字形的正殿构成。门厅很短狭,立有两柱,墙壁上没有壁画的痕迹。门厅后壁就是正殿的大门,木质的门框、门楣分里外三层雕刻着各种图案。外层框的侧脚

玛那村与玛那寺

雕刻凶猛的立狮，其他部位装饰二方连续的忍冬卷草纹。中层框的侧脚雕着骑兽童子，其他部位同样是忍冬卷草纹。最复杂的是内层框，上面的门楣雕刻紧密排列的 7 尊佛像，很可能就是过去七佛；上框的正中和两侧各有一佛像，应该是三世佛；边框侧脚雕刻着结游戏坐、上身赤裸的供养天女。殿门整体设计和图案布局以及人物、动物造型都可以和古格故城红殿大门相媲美。

殿内面积不大，立有 10 根柱子，分前后 5 排承托着 5 条通梁。殿顶的天花板绘有各种彩色图案，构图手法颇似托林寺杜康的彩绘。图案单元较大，有时独占整幅天花板。图案题材有佛教诸尊、迦陵频伽、双狮、奔鹿、驮着摩尼宝珠的骏马、各种瑞禽、忍冬卷草、莲花、缠枝什花、如意云朵、漩涡纹等。个别天花板已被殿顶裂缝渗入的雨水侵蚀得斑驳陆离。

殿堂西壁后凸部分是主尊强巴佛的大佛龛，佛像胸部以上已被破坏，残存结跏趺坐的身体，身下是硕大的须弥座。殿堂四周壁面都有壁画，只有西南角的一尊大威德金刚像是早期遗存，其余部分的药师佛、无量寿佛、怖畏金刚、金刚手、吉祥天母、宗喀巴等像都是晚期补绘。早晚期壁画的色彩和画风区别明显，

玛那寺强巴佛殿木雕大门

玛那寺强巴佛殿门楣

玛那寺强巴佛殿天花板彩绘

从墙皮地仗层也可以看出晚期补绘的迹象。

强巴佛殿附近有几座一层或二层的房屋遗迹，据说是过去的僧舍。一间僧舍中还残留着僧人供佛的小壁龛和泥台，大部分房屋残墙中杂草丛生，一片荒凉。近年来稍有维护。

村子北边崖面挖凿的74孔窑洞，形制上与古格时期遗址的窑洞十分相似。民居窑洞中砌有泥灶台，四壁或可见壁灶和小龛。其中一个双室民居窑洞各类设施俱全，主室后壁开挖一个小龛洞，龛前砌双眼泥灶台。右侧壁挖进去一个椭圆形的洞室，里面设两个壁灶。主室两侧壁还挖出一个落地龛和一个长条形横龛。整个洞壁覆满烟炱。

强巴佛殿东北侧的残存佛塔计有33座，当初应该是一处规模不小的塔林。我们调查时只有6座佛塔还能辨认出形制，奇怪的是这6座塔全都是那种纪念释迦牟尼在菩提树下得道成佛的菩提塔。佛塔结构比较简单，方形塔座。四层逐渐上收的层级，上面是覆钵式的塔身和圆锥状的塔刹。一些残塔的基座中暴露出许多原来封藏在其中的模制小泥像和小泥塔。小泥像中有近10种佛、菩萨、护法造像，制作方法和风格与古格故城发现的B组造像基本相同。可以推断出

玛那寺僧舍废墟

玛那寺附近的这些塔都是古格王国晚期建造的。

玛那寺周围还残存着断断续续的 11 道玛尼墙，墙体较厚，一般为一至两米。墙上与墙根散布着 400 多块玛尼石，绝大部分刻着藏文"六字真言"，只有几十块雕刻着佛像、菩萨像、护法神像，还有几块刻着梵文"六字真言"。雕刻内容和技法远不如古格故城玛尼石那样丰富多彩，据此推断，这些玛尼墙建造年代应该较晚。

达巴遗址

达巴遗址在 20 世纪 50 年代以前曾经是噶厦政府的一个县级政府驻地——达巴宗，1957 年之后才与札布让宗合并成为札达县。遗址位于札达县城南面约 50 公里处的河谷里，现在是达巴乡政府所在地。

"达巴"，藏语意为"箭头落地之处"。传说这里的碉楼、寺院都是达巴王建造的，在选择修建地点时，达巴王拉弓射箭，一箭射出，落地之处生出莲花，因出现祥瑞，所以选择此处建造王城。达巴遗址坐落在达巴村北侧的土山上，遗址被一条山沟分为 A、B 两个区域，总面积约 15000 平方米。

A 区的西南山脊有一组位置最高的建筑，有独立的碉楼和防卫墙，山腰上环绕着多层窑洞和房屋的残垣断壁，山腰处的宽阔台地上保存着一组寺院建筑遗址，1999 年夏天，达巴寺的一位僧人清理了寺院里的一座佛堂，无意中发现了土坯砌筑的佛座和佛传故事

达巴遗址

达巴遗址 A 区的寺院建筑废墟

壁画，从佛座表面的装饰和佛传故事的内容，大体可以认定为 15 世纪的遗迹。这处壁画清理出来后未加保护，当我们 2014 年再去寻找时已经被风雨侵蚀得面目全非。在一座废弃的窑洞中，我们发现一些从原来的佛殿顶部拆下来的彩绘天花板，彩绘的图案与札布让古格故城大威德殿的天花板极为相似。一座高大

达巴遗址发现的彩绘天花板残件

的碉楼至今耸立在A区西部，靠近山体北缘，碉楼平面呈方形，内部约13平方米，残存高度约10米，从内部保留的梁椽空洞分析，原应有5层以上。碉楼以石块砌筑基础，夯筑墙体有明显的收分，下大上小，北、东两面开设三角形和条形的瞭望孔。

B区密集分布着民居窑洞，总数约200座，其中有单室、双室和多室等多种形制。不少窑洞里还保存着土坯砌筑的灶台、仓池，或有开挖在洞壁上的壁灶、壁龛。

遗址中采集到的铠甲、头盔残片无不与古格故城相同。

山下现存有达巴寺，原属格鲁派，由拉萨色拉寺直接委派堪布，每三年轮换。20世纪60年代到70年代寺院曾遭到毁坏，80年代又重新恢复。

1935年图齐曾经参观访问过这里，他记录下了现已不存的寺院和塑像与壁画："县府（宗政府）上边的山坡上有一座不大的庙宇，原系王室城堡之圣堂，城堡建在很陡的山城上。这座庙宇已经风雨飘摇，但它可能是这里所有庙宇中最古老的一个：四周墙壁上壁画辉煌，这些壁画完全是古格风格……庙堂里陈列着巨大的塑像，那真是一个具有巨大艺术和历史价值的古老塑像群，毫无疑问，这些塑像都是印度朝圣者和教徒在10世纪前后运来此处的。"可惜这些图齐认为极为珍贵的古格早期寺院壁画和塑像早已被毁坏殆尽，不知所踪。

皮央·东嘎遗址

皮央·东嘎遗址地处札达县城以北约 30 公里处的一条东西向沟谷中，在长约 3 公里的沟谷中分处东西两端，皮央在西，地势略低；东嘎在东，地势略高，海拔高度 4030—4120 米，高出札达县城约 300 米。沟谷里地势平缓，视野开阔，东嘎河自东向西流过东嘎村和遗址，在皮央村附近与自北向南的小河——皮央河交汇，然后向南 15 公里流入象泉河。意大利藏学家罗伯特·维塔利根据藏文文献分析，12 世纪中期，古格王室曾经为了王位继承权发生冲突，"高贵完整的王国被分裂成为两个相互敌视的国家"，皮央·东嘎成为与古格都城札布让分庭抗礼的政治中心，这种局面似乎持续到了 14 世纪晚期。15 世纪，出身古格王国的格鲁派高僧阿旺扎巴驻锡东嘎寺，受古格王委托主持过大规模的宗教仪式，直至古格王国晚期这里都是王国的宗教中心之一。

皮央，当地人又称之为"其旺""皮旺"，据传因村东有名为"皮央格林塘寺"的古寺而来；东嘎在藏语中意为"白色海螺"。由于这两座遗址相距很近，遗址年代、形制又基本相同，因而合并在一起命名为"皮央·东嘎遗址"。两个村子人口都较少，据十年前的统计，皮央村14户人，东嘎村12户人，总计120多人，都是半农半牧的经济形态。我们数次去皮央·东嘎遗址都是在六七月，田里的青稞将要成熟，牛羊都在夏季牧场，村子里很少见到人。最近几年旅游的人多了，皮央村有了第一家茶馆兼饭馆，每到中午时分就有了些热闹的景象。

20世纪30年代，图齐曾造访过这里，在他的考察记中简略提到东嘎的山洞中保存有曼荼罗壁画，但并没有公布更多的资料。我们在1985年调查古格故城遗址时也没有到过这里。1992年，西藏自治区文管会和四川大学联合组成的阿里文物普查队调查札达县文物，根据当地村民提供的线索，发现了皮央·东嘎遗址，并将调查资料公布，引起国内外学术界的关注。从那时开始，四川大学和西藏的考古学家们在这处遗址连续调查发掘七年，遗址的丰富内容逐渐被揭示出来。

皮央遗址分为皮央村遗址区、格林塘遗址区、萨松塘遗址区。皮央遗址的建筑遗迹分布在皮央村西侧的山坡和东侧的台地上,有佛殿、佛塔、僧舍、窑洞等遗迹,仅窑洞就有865孔,总数甚至超过了古格故城遗址。除了大量古格王国时期的遗迹,格林塘、萨松塘两处还发现公元前后的墓葬、列石等遗迹。皮央

皮央遗址外景

遗址中保存有壁画的供佛窟共计5座，其中编号为Ⅰ区79号窟、90号窟的建造年代可追溯至12世纪。虽然原有塑像尽毁，但壁画尚保存不少，壁画的题材主要是菩萨、护法小像和千佛小像，菩萨像细腰丰乳，体态修长，展现出12世纪前后西藏西部造像的特征。更能够说明壁画年代的是79号窟的供养人壁画，这些身穿三角形大翻领袍服，头戴卷檐帽的供养人与托林寺55号塔的供养人形象极为相似。其他3座供佛窟壁画虽然年代晚至15世纪，壁画绘制技法也属上乘。皮央遗址只残存两座佛塔，其中之一较为特殊，塔身是圆柱状，周围浮雕12根柱子和4个身着翻领袍服，头戴扁平帽子的力士，从力士的衣着来看，具有12世纪前后的服饰特征，整个阿里地区的佛塔上仅见此一例。

东嘎遗址分别散布在东嘎村的北、东、南三面的土山陡坡、峭壁和山顶上，残存有171孔窟洞、40座佛塔、10座佛殿遗址和4处房屋遗址。遗址中最为学术界瞩目的是3座供佛窟，编号为东嘎Ⅰ区1、2、3号窟。

这3座供佛窟在东嘎村西北的峭壁上一字排开，1号窟居中，是一座方形大窟，边长6.65米，高5.46米。窟内四壁和顶部绘满壁画，北壁和西壁各以两幅曼荼罗占据壁面主要位置，东壁则是一幅巨型曼荼罗，南

皮央遗址 36 号窟壁画

东嘎村及东嘎遗址

东嘎遗址 1、2、3 号窟

壁中间是窟门，两侧分别是 4 个小型的曼荼罗。曼荼罗下方绘制分幅长卷的佛传故事，环绕南壁、西壁、北壁。南壁佛传故事壁画之下还有一幅僧俗听法图、一幅供养礼佛图。1 号窟的壁画内容引起考古学家和艺术史学家的极大兴趣，特别是曼荼罗更是让学者们争论不休。东壁独幅大曼荼罗被认为是"法界语自在曼荼罗"，中心的主尊以文殊菩萨作为大日如来的化身，周围环绕四重 200 余尊大小不等的佛、菩萨、护法等。北壁两个曼荼罗属于密教的无上瑜伽部，西壁对称布置两个金刚界曼荼罗。下方的佛传故事画表面颜色脱落严重，构图、人物和建筑轮廓大体可辨，可看出有白象入胎、树下诞生、阿私陀占相、学书习定、婚配

东嘎遗址 1 号窟壁画——曼荼罗

赛艺、逾城出家、苦修、降魔得道、调伏疯象、转法轮、涅槃、荼毗、八王分舍利等情节，佛传故事基本完整。有趣的是佛传故事中的俗装人物多身着古格服饰，穿三角翻领的长袍、戴宽檐的帽子，与同窟壁画中的古格供养人的服饰一模一样。窟顶的结构做成"斗四套斗"形式的曼荼罗，装饰华丽，从中心向外绘有莲花、佛塔、龙、伞盖、狮子、白象、力士、伎乐等。这些图形巧妙地布置在曼荼罗的每一重里，极富装饰意味。

　　2号窟更加高大宽敞，方形的窟内边长7.3米，高5.5米。北壁和东西壁的北端是一个联通的长壁龛，原有的12尊塑像仅存一尊残躯和两个残头，背光保存得比较完整。除壁龛和南壁门两侧的两幅礼佛图之外，

东嘎遗址2号窟后壁

所有壁面绘制配列整齐的小菩萨像，四壁共计878尊，每尊菩萨像下方有一个长方形的题名框，书写菩萨尊名，不少题名仍清晰可见。南壁东侧是古格贵族礼佛图，身着华丽翻领袍服的贵族夫妇及眷属跪坐在帷幔前虔诚礼拜。从上层壁画脱落处可以看出下面还有一层壁画，内容同样是贵族礼佛图，两层壁画风格相同，绘制时间接近，可能是供养人改变所致。南壁西侧是僧俗礼佛图，一位身穿翻领袍服的贵族居上方中间，旁边有一侍者，身后和下方有十几位僧人分3列席地而坐。窟顶是5层逐级向上收起的圆形曼荼罗，最高处是八瓣莲花，莲心是四面六臂的文殊菩萨，8尊菩萨分别绘在8个莲瓣中；下方的4层分别绘有152尊菩萨诸神。

3号窟最小，壁画保存状况也较差，南壁垮塌，壁画荡然无存，北壁和东西壁成行排列菩萨小像，从小像题名可以看出有金刚宝幢、忿怒金刚杵、三界殊胜怖畏等。窟顶拱起，仍然是占满整个窟顶的曼荼罗，从中央主尊周围莲瓣中的金刚杵、羯磨金刚杵、摩尼宝珠、莲花分析，主尊应该是大日如来。

皮央·东嘎遗址及其附近，除了古格王国时期的遗存，还发现3处古代墓地、1处古代民居遗址、2处岩画。墓葬有石堆墓、土圹墓、土洞墓等形制，发掘出土有陶罐、陶钵、青铜短剑、石箭头等遗物，碳十四年代测定表明，这些墓葬距今已有2100年至2700年历史。民居遗址发掘出石头垒砌的房屋基址和灶，出土有石磨盘和一些陶片，测年也在距今2000年前后。皮央·东嘎遗址的考古发现说明一个重要问题：古格王国时期遗址往往与更加古老的遗址或墓地共存一地，从古至今，人们对宜居之地的选择有着惊人的一致性。

东嘎遗址3号窟壁画

象雄都城——琼隆城堡

坐落在象泉河上游曲龙村附近的琼隆城堡遗址，一直被认为是古老的象雄王国都城。"琼隆"在藏语中称为"琼隆沃卡尔"，意为"大鹏鸟所在的银色城堡"。7世纪在这里发生的一系列事件被记载在汉文和藏文文献中。吐蕃王朝一代雄主松赞干布与象雄王国联姻，娶了象雄公主黎娣缅为妃，又千里迢迢将自己的胞妹赛玛噶公主嫁给象雄王李迷夏，以期改善和巩固吐蕃王朝与象雄王国的联盟关系。没想到赛玛噶公主在象雄王宫受到冷落，一气之下搬出王宫。松赞干布派遣使者布吉木赞芒宗前往象雄探望，在玛旁雍错湖畔见到了郁闷的赛玛噶公主，公主托使者送给王兄30颗松耳石，用歌声暗示："如果敢于攻打象雄王，就佩戴松耳石；如果没有胆魄，就像女人一样戴上牦牛尾巴。"使者返回拉萨禀报松赞干布，君臣商议后决定攻打象雄。公元644年，吐蕃大军攻下象雄都城琼隆，将象雄所有部落收归治下。此次事件在藏文的敦煌吐蕃历史文书《大事纪年》、汉文史籍《唐会要》中都有简略记载。

1935年，图齐带领他的考察队到过这里，在他的《西藏考古》一书中有一幅从山上俯瞰琼隆遗址的照片，图片说明表现出他对这个遗址年代的判断："穹垅（琼隆）城堡废墟，最初可以追溯到公元8—9世纪。"除此之外，书中并没有关于遗址的任何具体描述，只是笼统地表达了图齐对琼隆城堡遗址的观感："城堡修造的精致程度自然不能与修造庙宇相比，但不可否认的是，这些建筑物的选址和堂皇宏伟的规模都给人留下了威力无比的印象，尤其是先作为战争手段而后从实用价值来看更是如此。"2004年我第一次到琼隆遗址，用了一天的时间在城堡废墟上走了一遍，感觉残垣断壁和密布的窑洞与古格王国时期的其他遗址没有太大的区别，那么是否能找到早于古格王国时期甚至早于吐蕃王朝时期的遗迹呢？这个念头在心里放置了十几年，直到2015年，终于有机会正式组织对这处重要遗址的调查。这年夏季的7月至8月，笔者带领着陕西省考古研究院和西藏自治区文物保护研究所的年轻同事们组成的联合考察队住进了曲龙村，历时一月，对遗址上的所有遗迹作了详尽地调查和记录，总体了解了遗址的规模、布局、各种遗迹的数量和结构，第一次形成了关于遗址总体的调查资料。遗址区分布在曲龙村以西3公里的象泉河两岸台地和土林密布的山坡上，这里平均海拔4300多米，河谷到城堡东部的高

象泉河边的琼隆遗址

差超过百米。

为了准确调查统计遗迹，我们把城堡遗址分为5个区域，历时一月的调查，登记在册的建筑遗迹有窑洞748座、大小院落105个、房屋基址45座、碉楼1座、

琼隆遗址中心区域

佛塔20座、玛尼墙13道。

　　传说为王宫的建筑遗址位于整个遗址中间的最高处，居高临下，四面都是悬崖，南面原来有一条狭窄的"之"字形阶梯直通山顶，由于近年崖壁坍塌已经很难登临。东侧还有一条秘密隧道联通上下，但上面也已经封堵，考古队员每次调查都只能从南面30厘米宽的土梁上向上攀，身体要紧贴窄梁上的土墙，稍不留神就会掉下悬崖。传说为王宫的建筑遗址面积并不大，约70平方米，南侧和西侧分出5个隔间，北侧仅靠崖壁通向3座并排的窑洞，窑洞里堆积着10多厘米厚的干瘪青稞。所谓"王宫"，称不上高大雄伟，甚

居于遗址山巅的王宫废墟

至连宽大敞亮也算不上。残存的南侧墙壁最高处有3.7米高，可推测出原来建筑物至少有两层。山坡台地上的其他房屋遗址面积都不大，结构也都比较简单，往往与后面崖壁的窑洞形成组合，前面还有一个小院子。

窑洞是当时最主要的建筑形式，集中分布在Ⅰ区至Ⅳ区。其中位于遗址核心的Ⅱ区最为密集，多达471座，几乎占到整个遗址窑洞数量的三分之二。这些窑洞分为单室、双室、多室等形制，功能也较为多样。用于民居的窑洞占多数，窑洞内多有壁龛和灶台，洞内壁面积着厚厚的烟炱，个别窑洞内还可见到完整的石磨盘。可以确定的供佛窟只有3座，从残存的壁画来看，年代不早于15世纪。另有一座未完工的供佛窟，只凿出套斗藻井形式的窟顶和佛座或塔座的基础，洞窟形制与东嘎1号窟相似，年代可早至11—12世纪，不知为何修建工程半途而废。这些窑洞面积大小悬殊，最大的是Ⅰ区135号单室窑洞，面积达35平方米，最小的窑洞面积不足2平方米。窑洞形制悬殊，说明开凿时间有早晚之分。有几种窑洞甚为特殊，一种是开凿在一个馒头状土包中间的窑洞，外观如同一座天然的穹庐；另一种是在一个单独的巨型土柱上分上下几层开凿数个窑洞，最多的可达6层，每层之间有狭窄

琼隆遗址窑洞——"六层楼"

的暗洞相连，调查的时候我们把它戏称为"六层楼"。可以认定的碉堡仅有一座，扼守在中心区的上山道路旁，用夯土墙和石砌墙混合构筑，有明显的后期修补痕迹。残存碉堡高度超过4米，西面墙体上可见12个方孔，用于瞭望和射击。

残存至今的佛教寺院建筑仅有一座面积不到30平方米的方形佛殿，周围有一圈回廊作为礼拜道，佛殿

琼隆遗址Ⅴ区1、2号佛塔

中没有保留下来任何壁画、塑像，然而我们还是可以根据建筑的结构和形制判断它是佛寺。23座佛塔都排列在山下较为平缓的台地上，相对集中在4处。多数佛塔已经残破不堪，佛塔基础尚有遗存，平面都是方形或亚字形，用土坯和少量卵石、石片构筑。观察残塔内部结构，有"回"字形和"田"字形两种，内部多有大量模制的"擦擦"，依据我们对"擦擦"的分期，这里的擦擦多数属于10—13世纪的后弘期早期。

与佛塔共存的还有山下缓坡上的13道玛尼墙，墙脚下整齐地摆放近万个玛尼石。Ⅰ区5号玛尼墙保存完好，玛尼石层层叠放，构成长37米，宽2米多的矮墙。绝大多数玛尼石刻的是藏文"唵嘛呢叭咪吽"六字真言、各种经咒，间或有梵文经咒和十自在相。其中发现的十几件藏文发愿文引起了我们特别的注意，发愿文分别讲到何人为何事发愿，雕凿1000块或2000块玛尼石放置在何处。关键是放置位置明确指明"甲萨琼隆"或"颇章琼隆"，前者的意思是"王者之地琼隆"，后者的意思是"有宫殿的琼隆"。这些发愿人是古格王国时期的贵族，这些玛尼石是当地贵族在古格王国统辖时期所做的一次供养。也就是说，古格人认定象雄王的都城就在这里。

刻有发愿文的玛尼石

琼隆城堡南面 2 公里处还有一处遗址，当地人称之为"卡尔恩玛"，藏语意为"旧城堡"。规模虽然比不上琼隆城堡，却也是窑洞、房屋、佛塔俱全。由于这里土质较松软，各种建筑遗址坍塌得非常严重。附近有一处供佛窟保存相对完整，洞口开在一座更为古老的旧窑洞后壁，洞内前半部堆积着从门口滑落下来的沙土。洞窟的后壁残存有原来安置悬塑佛像的孔洞，周围壁画绘有排列规整的千佛和曼荼罗，壁画的题材是"贤劫千佛"，流行于后弘期初期，年代可以定在 11—12 世纪。据此可以推断，遗址的一些窑洞建造时间要早于 11 世纪。

仁钦桑布出生地的佛堂——热尼拉康

《仁钦桑布传记》里明确记载,仁钦桑布958年出生在古格王国一个叫作热尼的小村庄,13岁出家为僧,从此离开家乡,除了在印度求学17年,多半驻锡托林寺,他一生中主持修建了一百多座寺庙、佛堂,遍布阿里地区西部和拉达克地区,热尼拉康就是其中之一。这里现属于札达县底雅乡底雅村的热尼组,从乡政府所在的底雅小镇出发,必须经过一座横跨在象泉河上的铁索桥,然后沿河左岸陡峭的山路走一个多小时,才能到达山谷中的热尼村。村子很小,只有5户人家,山上的溪水穿过村庄汇入象泉河,小溪两岸生长着柳树、杨树和杏树,村舍散布在树木的绿荫之中。热尼拉康坐落在村庄东边的台地上,很是醒目,周围还有几座佛塔的遗迹。

佛殿朝向东方,平面呈"亚"字形,前后左右都向外凸出,面积不大,约30平方米。殿门的门框、门

热尼拉康外景

楣上雕刻着卷草纹、联珠纹和莲瓣。殿内有 4 根木柱支撑着梁椽和被烟熏黑的天花板，隐约还可以看出天花板上原来的彩绘图案，拐角的一组天花板被烟炱覆盖的较少，团花纹仍清晰可见。柱子之间安放着一个硕大的转经轮，应该是后来添置的。殿顶留有一个天窗，正午时分阳光斜射进来，可以照亮殿内。

后壁后凸的部分是一个长的台座，座上有 7 尊菩萨的泥塑造像，中间 5 尊面向前，两侧的造像相对而置。中间的 5 尊都是三面六臂，头戴装饰华丽的三叶冠。上身赤裸，只有一条帛带从双肩绕双臂垂下，颈、胸、臂都佩戴着各色珠串，手上所持的法器多已不存。下身都穿着红色的长裙，结跏趺坐，脚腕和脚面上也都带有珠串。这5尊像的肤色分别是黄、蓝、红、白、绿，根据肤色和佛像组合，初步判定这5尊佛像是黄色宝生佛、蓝色阿閦佛、红色阿弥陀佛、白色大日如来、绿色不空成就佛。两侧的塑像都是一面双臂，佩饰明显不如中间5尊佛像奢华，其中南侧的造像右手持金刚杵，很有可能是金刚持菩萨。两侧塑像的上方还各有一尊悬塑的造像，同样是菩萨装，均为一面六臂造型，其中南侧造像肩上斜搭羚羊皮，很可能是六臂观音菩萨。这一组造像比例匀称，配置严谨，与印度斯皮提的塔博寺塑像颇为相似，建造年代也应为11世纪，是西藏境内仅存的后弘期初期完整塑像。

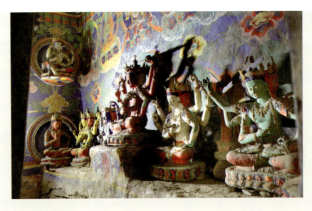

热尼拉康塑像

殿内四壁绘满壁画，大部分被20世纪初的新绘壁画所覆盖，只有北壁、西壁和东壁还可以看出一些早期和中期壁画的内容。北壁西侧下方保留有一尊早期菩萨坐像，圆形背光、外翻莲座和晕染的肌肤都体现出11世纪壁画的特征，东壁北侧的一块中期壁画脱落之处，暴露出底层壁画佛传故事"村妇献乳糜"的场

热尼拉康早期壁画

景：村妇双手捧钵奉献给释迦牟尼，下面有一只黄牛。最具有年代特征的是西壁北侧下方的一组供养人壁画，供养人身穿三角形翻领袍服，头上戴有低矮的缠巾，与东嘎遗址Ⅰ号窟、托林寺55号塔中的供养人形象十分类似。中期壁画在北壁保存较多，看得出来有曼荼罗、菩萨和上师像，上师像中特征比较明显的是穿白衣的米拉热巴和一尊头戴尖顶僧帽的高僧。

传说热尼拉康最初有三件镇寺之宝：一尊象牙菩萨像、一尊喜金刚像、一套无上密乘梵文贝叶经，谁要把宝物带出佛堂就会厄运临头。但这个传说也没有保住三件宝物，它们早就不知去向了。好在这座历经千年风雨的佛堂还能够保留至今，给我们展现出当年佛教艺术的辉煌。

近几十年来，在札达县象泉河流域陆续发现的古格王国时期遗址总数达60余处，加上普兰县、噶尔县、日土县以及境外拉达克地区、斯皮提地区，古格王国遗址超过百处。遗址包括城堡、村落、寺院、石窟寺等，此外应有部分未被发现的遗址，若能将全部遗址进行挖掘考察，遗址总数将十分可观。

昨日辉煌

ZUORI HUIHUANG

考古学的介入

9世纪中叶以后,西藏历史进入一个长时间的各自为政的割据时期。分崩离析的吐蕃王室后裔或割地自守,或流窜荒远,纷纷建立起各自新的小政权。除了西藏西部阿里一带的古格王系、布让王系、拉达克王系之外,还有占据拉萨的拉萨王系、固守山南地区的雅隆觉阿王系和偏居青海的唃厮啰部。诸系中历史影响最大,遗留下来的遗迹、遗物最丰富的,无疑首推古格王国。许多研究西藏中世纪史的学者都把目光集中到古格王国史上,但藏文文献所能提供的仅是一串简略的古格王统世系(多数史书仅仅只有前半段的世系)和一些与当时佛教发展有直接关联的事件和人物,汉文史籍则完全没有记载,这就使得这项研究困难重重,举步维艰。

1979年以来,考古学的介入给古格王国史和古格文化的研究带来了新的生机。每一次亲临其地的考古调查都会增加研究古格王国历史的新材料。特别是我们1985年所进行的全面深入考察，第一次准确地探明了古格故城遗址的总面积、各种遗迹的数量、性质和分布状况，揭示了古格佛殿壁画中所隐含的丰富内容，并对古格时期的其他寺院遗址、城堡遗址和聚落遗迹进行了初步考察。所取得的资料不但对于研究古格历史具有重要价值，而且对于研究西藏中世纪史、西藏同其他国家及地区的交往、藏传佛教后弘期的发端、西藏佛教艺术的发展与流派、西藏封建领主制度和庄园制度的发生也都有着非常重要的价值。

至高无上的王权

作为吐蕃王室的直系后裔,古格王国的国王在这个地方王国中享有至高无上的权力,他严格统治着自己的臣民和辖地。国王权力的继承是血缘世袭制,基本上是子承父位,只有在特殊情况下才会出现弟承兄位的现象。综合史籍记载和考古调查资料,我们大体可以看出古格国王行使权力的几个方面:

古格故城红殿壁画——古格王

国王可以将王国的部分领地或臣民封赐给王室成员和对国家有特殊贡献的高僧或臣下，并有褫夺没收的权力。早在 11 世纪初，古格第三代国王拉德为了表彰古格高僧仁钦桑布翻译佛经、修建寺院、对佛教复兴所作出的杰出贡献，将谢尔等三处土地赏赐给他，成为他的三处"溪卡"（藏语意为"庄园"）。这是西藏史料中迄今所见到关于赏赐封建领主、宗教领主庄园最早的记载，不但表明了古格国王所具有的权力，也说明西藏封建制度的形成与佛教的发展有着密切的关系。17 世纪初，古格末代国王赤·扎西查巴德为了惩罚不服从王命的弟弟（当时的喇嘛首领），剥夺其所有收入、收回为其服务的士兵。这里的收入应该是指国王之弟原被赐予的庄园田产收入。我们在阿里考察过程中发现不少古格王国时期的遗址，仅在古格故城方圆百里之内就有多香城堡遗址、玛那遗址、卡尔普遗址、卡尔贡遗址、达巴遗址、香孜遗址、皮央·东嘎遗址、白东波遗址等。目前对于这些遗址性质的确切判断虽然还缺乏直接的证据，但最大的可能性不外乎两种：一是王室成员、贵族或高僧们的封地中心；二是王国下属机构的治所。其中多香城堡有着完备的防御设施和武器配置，很可能同时还是古格王国的一个重要军事据点。

国王的另一项权力是对王室及臣民宗教信仰的选择,并享有重大宗教活动的领导权。古格王国初期,王室大力扶持佛教,压制并清除本教。从此开始,历代古格王就把复兴佛教、以教辅政作为古格王国的一个基本国策。迎请高僧、修建寺院、翻译经籍、敬造佛像、举办法会、供养圣山等重大活动都是在国王的直接领导和资助下进行的,因此,国王也是古格佛教的最大施主。为了牢牢控制宗教领导权,几乎每一代都有王室成员出家为僧,并成为当时的佛教领袖,如拉喇嘛益西沃、绛曲沃等。从古格故城红殿、坛城殿和托林寺杜康壁画的礼佛图中可以看到,在重要佛教仪式中,国王和王室成员总是居于极尊的地位,僧俗两界对国王尊崇有加。古格王国末期,赤·扎西查巴德不顾及国情,听信西方传教士的游说,决定允许天主教在古格建立教堂,收徒传教,并且压制喇嘛集团及佛教势力,这才引起了喇嘛集团的抵制和反对,最终导致了古格王朝的覆灭。

至于与周邻国家、地区的正常交往或兵戎之事,更是国王行使权力的主要内容。抵御外来入侵、解决与拉达克王国的冲突、和亲政策的实施、同周邻地区的贸易往来、宗教与文化的交流都要服从国王的命令。藏文史籍中可见到国王直接派遣留学僧去印度学习佛法，处理在噶洛国发生的人质事件，将公主嫁与拉达克王以求和解等记载。古格故城红殿、白殿壁画中数处出现身穿异国服装的外邦使节和商人，纷纷往国王座前呈送礼品的画面，恭敬之情毕现，反映了周邻国家、地区对古格国王的尊重。

古格王国统治的范围到底有多大，这是个很难回答的问题。从藏文史书的一些零星记载中我们可以看出，古格王国的辖地在长达700年间似乎并没有形成一个长期稳定的疆域，时有消长。但在古格王国后期，其疆域大致可以框定在现在的札达县、噶尔县、普兰县、日土县这样一个范围之内。17世纪下半叶，五世达赖喇嘛派遣噶丹策旺率兵驱逐拉达克军队，收复古格失地之后，在阿里设置布让（现普兰县）、达巴（现札达县达巴乡）、札布让（现札达县大部）、如妥（现日土县）、堆噶尔本（现噶尔县）5个宗，基本就是古格王国原属地的范围。古格王国末期西方传教士经古格王允许，在日土设立教会站一事，也可说明远在班公湖南侧的日土当时在古格王国的范围内。在这个范围之内，现在还存留着不少城堡遗址、石窟寺遗址、居住遗址以及寺院，如札达县的卡孜遗址、曲龙遗址、达巴遗址、布日寺、热尼拉康，普兰县的香贝林遗址、科迦寺，日土县的宗山遗址、丁琼拉康，噶尔县的卡尔东遗址、扎西岗寺等。都可以看到与古格故城相似的佛殿、佛塔、碉堡、民居、窑洞、石窟等建筑遗迹。

以宗教兴　　因宗教亡

　　古格王国以宗教兴，又因宗教亡，可以说宗教活动是古格王国政治生活中最主要的内容之一。古格王国初期正是藏传佛教史上称之为"后弘期"的佛教复兴运动刚刚开始的时候。由于吐蕃王朝末代赞普达玛的灭佛行为，高僧大德或以身殉教，或隐匿踪迹，佛教经典大都焚为灰烬，佛教徒们只好前往印度求经学法，或从印度迎请高僧大德入藏传法。这时西藏的僧侣、信徒对于教义教理、修行次第的不同观点虽已现端倪，但教派纷立却是 12 世纪以后的事。

　　古格王国初期迎请的印度高僧中最著名的是阿底峡大师。他在古格托林寺讲经、著述 3 年，之后又被仲敦巴迎往卫藏地区弘法，被藏传佛教徒奉为噶当派鼻祖。古格故城佛殿壁画中多处出现阿底峡画像，表现了古格佛教徒对他的尊崇和怀念，也反映了古格王国早期与噶当派的渊源。

元朝时，萨迦派被元朝中央政府赋予统领全藏"十三万户"的极尊地位，西藏正式建立了政教合一的政体。古格虽不归属于十三个万户之中，政治、经济、军事不受萨迦政权约束，但在宗教上却与之有着千丝万缕的联系。古格王系的分支——亚泽王系的阿孜梅任年幼时（14世纪中叶）曾在萨迦寺修行，成为萨迦派大德之一，后又还朝掌政，这一时期的古格王国也与萨迦派有较密切的联系。古格故城白殿、坛城殿、大威德殿壁画中均绘有"萨迦五祖"之首贡嘎宁布的画像，坛城殿壁画中还有"萨迦五祖"第三祖扎巴坚赞和第四祖衮噶坚赞像。这种情况不能不看作是古格佛教界与萨迦派宗教联系的反映。时至今日，阿里地区的一些寺院还属于萨迦派，如普兰县的科迦寺。与此同时，古格王室还和噶举派的重要一支——直贡噶举派有密切的教务交往。从13世纪到16世纪，"圣山"冈仁波齐由直贡噶举派委派圣山法主管理教务，其间有6位古格王先后作为圣山法主的施主施财供奉。古格故城壁画中不止一处出现噶举派创始人玛尔巴的画像，玛尼石刻中也有噶举派圣者米拉日巴修行的图像。

明朝初年，宗喀巴所创立的格鲁派一经兴起，很快就与明朝中央政府及蒙古族、满族的统治者们取得了联系，迅速将其影响扩展到全西藏，甚至远至北方边地。古格王国虽然地处偏远，但受到格鲁派影响的时间并不比其他地方晚。15世纪初，阿里僧人古格·阿旺扎巴就追随宗喀巴修习显密，后又回到后藏、阿里一带传播格鲁派教义。与此同时，宗喀巴弟子堆·喜饶桑布也被派遣到阿里传教。15世纪中叶，格鲁派在古格王国辖地已经广泛传播，就连托林寺、洛当寺这样的古格王国古老寺院也被格鲁派渗透，成为格鲁派在阿里的重要寺院。古格故城红殿、白殿、坛城殿壁画中出现的宗喀巴小像应该就是这一时期的作品。格鲁派在这时虽然已经把势力发展到了古格王国，但作为正统教派被古格王室及僧侣集团所尊奉则在16世纪以后。大威德殿、度母殿、Ⅳ区供佛窟壁画所绘宗喀巴大像及二弟子像正反映了这种情况。宗喀巴像与佛像等大，两侧侍立（或坐）二弟子也趋同于佛像两侧的二菩萨或二弟子，可见地位之尊崇。

在古格王国700余年的历史中，佛教与异教或佛教不同教派之间的斗争贯穿始终。据传说，在古格王朝初期，高僧仁钦桑布曾在芒域（拉达克地区）降服了本教神灵"鲁噶甲"，这实际上是佛教与本教斗争的反映，佛教是这场斗争的胜利者。古格王朝末期导致王国灭亡的反洋教斗争是一场更为激烈的宗教斗争，在古格王国根深蒂固的佛教势力对在古格传播教义、发展信徒的天主教传教士们表现出强烈的厌恶和抵制，最后甚至发展到殊死一战的程度。这场斗争中虽然佛教取得了胜利，却也导致了古格王国的终结。

王权独立的最后堡垒

古格王国的王室与佛教僧侣集团的关系比较微妙,既对佛教界予以大力支持并与之保持密切关系,又始终坚持政教分离、固守王权至高无上的统治地位,这在西藏中世纪以后各地方政权中显得十分与众不同。藏传佛教后弘期发展到12世纪以后,教派层出,各宗派以寺院为据点,依恃僧众和信徒的拥护各竖一帜,其中一些教派直接与政治势力合流,构成政教合一的特殊体制,并且纷纷与中央政府取得联系,先后受元、明两代历任皇帝赏赐封号,煊赫一时。历史上影响最大的是萨迦政权和帕木竹巴政权。

13世纪上半叶,八思巴被元世祖忽必烈封为国师,兼管总制院事,统领西藏十三万户,自此萨迦派政教合一的地方政权就基本确立了。萨迦法王的继承是采用父子或叔侄相传的方法,14世纪前半叶,法王后裔分裂为4支,后有3支绝嗣,仅剩下都却拉章("拉章",

藏语意为"喇嘛官邸")一支。这一支又分为彭措颇章("颇章",藏语意为"宫殿")和卓玛颇章两房,萨迦法王分别由这两房中的长子轮流担任,统领管辖地区的政教两界事务,下设僧俗官吏系统。

帕木竹巴噶举政权更为典型,教派的主寺——丹萨替寺的寺主职位曾被山南地区望族郎氏家族所占据。14世纪初,丹萨替寺寺主扎巴仁钦兼任帕木竹巴万户长,集政权、族权、神权于一身,形成教派和地方政权二位一体的体制。此外,噶玛噶举派、直贡噶举派也都曾建立过短时间的政教合一的政权。

在这样一个大的历史背景下,古格政权仍然能够自始至终顽强保持着王权的独立性和至尊地位,不能不说是一个奇迹。这不但在史籍中有所记载,古格故城壁画中的一些画面也反映了这一真实的历史现象。红殿的礼佛图中,国王、王子、王妃和其他王室成员居无量寿佛左侧,依尊卑长幼次序排列,僧侣们居佛的右侧,僧俗分明,不相混杂。所有供佛的物品和外邦使节送来的礼品全都摆放在王室成员面前,而僧侣们则处于接受布施的地位。坛城殿的朝礼宝杖怙主图中,虽然僧人与王室成员并排而坐,但明显屈居其后。从古格故城的总体设计和建筑布局也可以看出,王宫、议事厅等建筑全部位于山顶,形成一个居高临下的王宫区。而佛教殿堂和寺院主要分布在山坡或山脚下,明显以王宫为中心。古格王国作为王权独立的最后一个堡垒,一直到1630年才被攻破。

生存的空间和生存的方式

古格王国所处的阿里高原是全西藏范围内自然条件最差的地区之一,海拔高,气候寒冷干燥。整个阿里地区只有札达县的象泉河谷、普兰县的孔雀河谷以及这两条河的支流河谷地带环境较好,早在吐蕃王朝统治之前就已经有了成熟的灌溉农业技术,后被古格人充分继承,他们种植的农作物有青稞、小麦、豌豆、油菜等,象泉河谷历来被认为是"阿里的粮仓"。海拔高于4000米的高山草甸是理想的夏季牧场,河谷里水草茂盛的湿地可供牲畜越冬。古格王国将都城建造在象泉河谷,其用意是显而易见的。在一个相对较为封闭的地理环境中生存的王国,必然要占据一片基本上能够自给自足的粮食产区,不然这个政权就难以长期稳固。此处的地理环境决定了古格王国必然是半农半牧的经济形态,在古格故城发现的遗迹、遗物为我们提供了充分的依据。在遗址的窑洞仓库中清理出

札达县象泉河谷的湿地草场

札达县萨让乡种植的青稞和小麦

来作为食物的农作物种子中有裸大麦（青稞）、皮大麦、小麦、油菜、芜菁等，这些作物现在仍然广泛种植于象泉河谷及各个支流河谷地区，可见是一些传统的农作物。故城遗址发现的铁锄、铁犁、铁镰、木锨也从一个侧面反映了当时的农业生产水平。

畜牧业也是古格王国的主要经济支柱，养殖牛、羊不仅能够提供肉类和乳类食品，牛羊毛还是当地纺织品的主要原料来源。古格故城遗址发现的残衣布片和残褡裤大多是用羊毛、牦牛毛织成的。札达县现在的家畜种类有牦牛、黄牛、犏牛、绵羊、山羊、马等，古格王国时期也大体如此。故城遗址北坡的建筑以及附近至今散落着不少牛羊角和骨骼，仅第Ⅴ区的一个窑洞里就堆放着 50 多个羊角。按照藏族的习惯，每年的初冬要宰杀不少牛羊，把连带骨头的肉挂起来，在寒冷的冬季冷冻风干。第二年 3 月以后拿下，可长期保存不坏，既可生吃也可加工成熟食。这批数量颇多的羊角也许是古格王国晚期某年冬季为王室储备干肉而进行宰杀后留下的遗物。

古格老百姓的食品结构非常简单，常年不变的主食是糌粑、牛羊肉、乳制品、茶以及少量蔬菜，17 世纪初到过古格的西方传教士是这样描述的："他们吃生肉或半生不熟的肉,吃大麦炒面(糌粑),但蔬菜是煮熟了才吃。他们有着常年储藏蔬菜的本事,夏天是他们收获蔬菜的季节,他们把蔬菜放在家里背阴的地方晾干,然后储存起来,吃前只需在水中泡半天,蔬菜就会像刚收获那样新鲜。如果你有机会到那里就餐,会发现吃起来味道是很不错的。"王室和上层喇嘛则要奢侈得多,他们的食谱中会见到无花果、杏、葡萄干、大米、糖等"进口食品",新鲜的牛羊肉也能得到充分的保证。其中无花果和葡萄干应该是从新疆运来,大米和糖来自印度,杏子在古格王国辖区象泉河下游的底雅就有出产。

札达县底雅乡热尼村的杏子

我们在故城遗址内仅发现一处位于窑洞中的铸锻作坊遗迹，规模很小，在东侧山坡分别发现了3处堆积在房屋废墟旁的炼渣和木炭堆，可以认定古格故城中的金属生产工具、生活用具、兵器至少有相当一部分是在古格故城加工制造的。根据藏文史籍记载，古格王国铸造佛像的中心是在札达县的鲁巴村，这里以铸造"银眼"佛像而著称，特点是在佛和菩萨造像的眼睛里嵌入银片。托林寺现在就供奉有这样的观音像，皮央·东嘎寺院遗址也曾出土过"银眼"佛像。

从采集和发掘出土的各类遗物分析，古格王国当时还应有许多手工业生产的门类：从陶罐、陶灯、陶钵、陶塔饰来看有制陶业；从毛织品、棉织品来看有纺织业；从木盘、木锨、建筑木构件来看有木作；从石锅、石钵、玛尼石刻来看有石作；从竹箭杆、藤盾牌来看有竹藤加工，这些手工业都需要有专门技术和丰富经验的工匠。不同门类的加工业和制造业是否都在古格故城形成了一定的规模，还缺乏更多的材料来证明，但发现的大部分遗物应该是在故城或附近加工制造的。17世纪来到古格故城的西方传教士曾经借助国王派来的矿工来修建教堂，说明古格有相当规模的采矿业，传教士虽然并没有说是什么矿，但我们可以肯定的是一定有金矿，阿里高原有开采砂金的传统，现在仍有不少外来的采金人活跃在阿里。1998年我们探访象泉河北侧阿钦沟石窟时，曾经在阿钦沟口的台地上发现一大片古金矿的"金窝子"遗迹，密密麻麻有近百个。金窝子直径约2米，中间如锅底，周围是一圈挖出来的砂土。那里距古格故城的直线距离不过十五六公里。

古格人的建筑技术更是引人注目。对于城堡的选址，古格人在很大程度上继承了吐蕃王朝的传统，选择一座突兀而出的小山，背山面水，视野开阔。建筑群依山而建，层层上收，总体呈金字塔状，给人坚实稳固、高耸入云的感觉。王宫区高踞山顶，既体现了王权至高、君临一切的气势，又使王宫处于层层防卫的核心制高点上，便于观察和指挥全城的军事防御。大部分佛殿、佛塔、塔墙等宗教建筑呈扇状分布在土山北侧山坡的醒目位置，远望如众星拱月，隐隐显示出古格王国以教辅政的国策。此显彼隐的碉堡、重重环绕的防卫墙，又使古格都城成为一座能攻易守的军事堡垒。

古格人审美的原则也在总体格局上体现出来，北部山坡的两大佛殿一涂红色(红殿)、一涂白色(白殿)，红白相映，使黄色的土山有了色彩的变化，西北侧两座高大的佛塔使城堡在平稳中有了起伏。古格人因地制宜，因材施工，在建筑形式和建筑技术上显示出自己的独特风格，大多数房屋、殿堂、佛塔、碉堡都用土坯砌成，防卫墙和塔墙用生土夯筑而成，窑洞则直接在土崖上挖凿出来。土山、土墙、土窑洞，土木建筑，整个城堡与土山浑然一体。建筑的局部装饰也是古格人特别重视的，佛殿的门框、门楣、出跳的椽头、柱头替木都加以雕饰，加上殿内的满墙壁画、天花板与藻井彩绘，表现了无处不在的艺术追求。

古格人如同其他地区的藏族同胞一样能歌善舞，用藏族同胞自己的话来说就是："会说话就会唱歌，会走路就会跳舞。"在古格故城的壁画中，这一点得到了充分的反映。如果仔细观察古格故城白殿、红殿的"庆典图"，就可以从中找到丰富的歌舞内容。仅是古格人演奏的乐器就有唢呐、形制各异的号、筒形腰鼓、釜形腰鼓、手鼓、锣、钹、铃、六弦琴等十余种，其中大多数乐器至今仍在阿里地区流传。古格故城的一间房屋废墟里曾经发现一件釜形腰鼓的铜鼓腔，保存基本完整，跟壁画中的完全一样。同样的釜形铜鼓现在托林寺里还珍藏着两件，每逢节日和重大的法事活动才拿出来演奏。1996年8月,我们在托林寺迦萨殿发掘期间恰逢"旺果节"(青稞成熟前祈求丰收的节日),见到托林寺僧人随着出游的队列击鼓吹号,用的就是古老的釜形铜鼓。

壁画中反映的古格舞蹈形式多样,典型的有狮子舞、手鼓舞、跑马舞、宣舞以及独特的喇嘛舞。狮子舞是从西域传入中原的舞蹈形式,唐代宫廷有"五方狮子舞",之后在民间也广为流行。新疆吐鲁番阿斯塔那唐代墓葬中出土过一件狮子舞的泥俑,狮子形的道具下露出4条人腿,应该是由两个人来扮演的。但古格王国的狮子舞却有自己的独特之处,狮子形体硕大,外表装饰华丽,由4个人钻进假狮中(其他地方均为二人或一人)操纵演出,狮子前有一个装扮成猴子的人逗引,后面有扮成恶鬼的人追赶,从假狮下露出的8只脚的姿态来看,假狮的动作幅度不大,昂首徐进,是一种较平稳的小步舞,不像中原狮子舞往往含有跳跃动作。狮子周围有前呼后拥的鼓手和号手伴奏,从画面上似乎可以听到热烈的鼓乐声。

"跑驴旱船"是汉族地区从宋代开始就流行的民间舞蹈,至今仍流行于中国北方地区。不知古格王国"跑驴旱船"的习俗是否受此影响,但古格壁画中的

"跑驴"明显已经融入当地的特色。驴变成马的形象，马的装饰和人的服装都显示出古格王国自身的特点，一对头戴古格式缠头或帽子的男女，腰间挂着昂头拖尾的假马，在鼓乐行列之间往来穿行。

与前两种舞蹈相比，宣舞似乎是古格王国更为古老的土著舞蹈，而且至今仍流行于阿里地区的札达县、普兰县、日土县一带。我们曾经在札达县托林村见到过几次这种舞蹈的表演，十余位穿着盛装（这种盛装最具标志性的服饰是一种红底绿色边框的披风）的妇女排列成一行，双手交叉牵连，举手投足缓慢沉稳，

札达县妇女在跳宣舞

舞蹈者唱着单调冗长的歌谣。几百年过去了，舞蹈者的服饰和动作依然与古格壁画中的极为相似。传说这种舞蹈从象雄时代就已经出现，称为"宣孜"，舞蹈时用鼓、笛和一种弹拨乐器"扎年"来伴奏。宣舞有多种，其中级别较高的"十三宣"早已失传。2008年，这种边歌边舞的民间舞蹈已经被列入国家级非物质文化遗产名录。

在娱乐方面，僧侣们也往往参与其中，狮子舞中就混杂有僧人，白殿的庆典壁画里还有身穿无袖僧装的僧侣单列成行，一手执长柄扁鼓、一手执弧形鼓槌击鼓起舞的情景。壁画中的僧侣舞蹈并不像现在寺院所见的"羌姆"（跳神）舞蹈，没有面具和华丽的服装。

杂技显然也是古格人喜爱而又擅长的一项娱乐活动。在古格壁画中出现的有爬高杆、滑杆、倒立行走、翻跟头、腹顶棍旋转、马技、骑射等。在白殿的壁画中爬高杆和滑杆是一个连续表演的场面，中间直立一主杆，两侧各斜撑一杆，顶端绑扎在一起，一人刚攀登至顶，另一人跨骑斜杆下滑并将双手上扬保持平衡。下方的一组画面里一人倒立行走，一人腹顶竖棍旋转，一人作侧手翻，旁边有两个妇女敲锣助兴，整个场面热烈壮观。古格人丰富多彩的娱乐活动由此可见一斑。

对外交往——宗教、贸易与战争

古格虽然偏居一隅，但并非与世隔绝，相反与外界的往来出乎意料的频繁。北面的新疆、西面的克什米尔地区、南面的印度和尼泊尔、东面的卫藏地区都与之保持着持续不断地交往。

藏族文献里记载的古格王国的对外交往主要是在宗教方面，10世纪至11世纪古格王室数次选派优秀的青年前往印度学习佛教知识，并且迎请高僧，带回佛教经典。东印度（现在的孟加拉国）高僧阿底峡就是先在古格王国讲经授徒、著书立说，然后才被迎请到卫藏地区去的。古格王国的高僧仁钦桑布还从克什米尔地区带回技艺高超的工匠协助修建寺庙、绘画塑像，托林寺50号塔和55号塔中保留至今的壁画就是他们留下的作品。古格王国与卫藏地区的宗教往来多次见于西藏文献，14世纪拉萨大昭寺维修，古格王室曾经贡献了金顶；出身古格的格鲁派高僧阿旺扎巴曾长期游学于拉萨，之后回到古格王国传播教法，担任几个寺院的主持；16世纪中叶，古格王吉丹旺秋曾经资助二世达赖喇嘛在拉萨修建佛学院；17世纪初，一世班禅喇嘛应邀视察古格的寺庙，在托林寺受到了隆重地欢迎，当时古格王的叔祖还被一世班禅尊称为"法王尊驾"。

种种迹象表明，古格人并不善于经商，贸易的目的不是为了赚钱，而是为了生存。根据间接的资料分析，古格王国在贸易中输出的物品主要是食盐、牦牛、羊毛、羊绒，输出的主要国家和地区是印度、尼泊尔、克什米尔。日土县、革吉县一带所产的湖盐历来为阿里地区输出品的大宗，时至今日，我们偶尔还可以看到一群驮羊驮着装满盐巴的口袋向中尼边界行进的景象。

古格王国输入的商品主要有木材、棉布、陶瓷、茶叶、鲜果、干果、红糖等。红殿、白殿、大威德殿壁画中的"商旅图""供佛图"屡见运送木材、布匹、杂物的情景，马驮人背，鱼贯而行；Ⅳ区126号窑洞堆积的大量杏干应该是从拉达克地区运来的（札达县底雅乡虽有杏树，但数量很少）；Ⅰ区103号窑洞发现的茶叶和王宫区发现的一件甲衣上的"福寿纹妆花缎"很可能是汉族商队经由新疆或卫藏地区输入的；

甲衣、马具装上的靛蓝色棉布、绛红色棉布或是印度产品，或是新疆产品；在一捆竹箭杆系着的布签上还写有喜马拉雅山南坡西藏与印度边界的一个地名"葱莎"。17世纪20年代来到古格的西方传教士曾经见到过来自遥远的汉族地区的商人，商人们带去的商品有丝绸、瓷器、茶叶，也有卫藏地区的藏族商人带去种类大体相同的商品。克什米尔地区和印度商人主要以大米、服装、珊瑚、琥珀换取古格人的羊毛、羊绒。新疆的无花果、葡萄干是古格人喜爱的奢侈食品，传教士们曾有幸品尝过运送者长途跋涉15天运来的无花果。这些都反映了古格王国同周边国家与地区互通有无的贸易传统。

古格的贸易方式主要是以物易物，辅以金银等贵金属称量货币。西藏地方政府制造货币是清代乾隆五十七年（1792）之后的事，古格王国时期不可能使用自己的货币，但不能排除古格王国晚期有可能使用过印度货币或新疆的喀喇汗王朝货币。古格王国初期曾有一则记载，当时用600个海贝作为前往印度的盘缠，这意味着海贝曾经起到过货币的作用。

信仰的分歧和资源的争夺是造成古格王国与周边国家、地区间战争的主要原因。古格王国地处西藏西部边陲，北、西两面有信奉伊斯兰教的喀什噶尔、克什米尔地区，南面和东南面是宗教信仰纷杂的印度、尼泊尔，西邻拉达克王国虽为同宗同教，但由于教派纷争和资源的争夺，一直向东觊觎古格王国，北、西、南三面近邻对古格王国形成一个半月形的威胁圈，只有东面的卫藏地区因路途遥远而没有产生直接威胁。幸好古格王国中心地区的象泉河谷地有喜马拉雅山、冈底斯山作为南北屏障，使古格处于一个能攻易守的有利位置，大大减轻了三面环绕的威胁。

1337年至1338年，印度穆罕默德·图格鲁克从德里率十万大军入侵喜马拉雅山西段，在山地遇到激烈反抗，并以全军覆没而告终。1532年，喀什噶尔的苏尔丹塞伊特派遣梅萨海达进军阿里地区和拉达克地区，两年后才被逐出。关于这两次战争，缺乏更详细的记载，从事件发生的地点和时间来看，古格王国都是当事者或当事者之一。

17世纪初，克什米尔地区的斯里那加军队入侵古格王国的事件被记入西方传教士的报告中。这次入侵行动，斯里那加人动用了3万大军，分成3路向古格进发，武器相当精良，有半数士兵配备有火绳枪。冬季的大雪和古格人的英勇善战挫败了敌人的进攻，最后以斯里那加人求和而告终。与古格王国互为姻亲的拉达克王国从15世纪到17世纪一直与古格王国之间频发战事，时战时和，最终乘人之危以武力和谋略灭亡了古格王国。

频繁的战争使古格人分外注重军事装备的建设，在古格故城发现的遗物中武器占了相当大的比重，不仅数量多，种类也很丰富。武器有进攻性的，也有防御性的；有近距离格斗兵器，也有远距离杀伤兵器；有传统的冷兵器，也有在当时威慑力极强的火绳枪。在山顶的一座窑洞和东面山坡的一座窑洞中发现了总数在十万支以上的竹木箭杆，多数是半成品。成品的箭杆中有的极精美，后端绘有彩色花纹，安装四条定向尾羽，应是专为王室卫队配备的。箭镞都是用铁锻制而成，有细长的"穿甲箭"、薄锐的"双翼箭"、还有一种射出后可以发出响声的"飞鸣镝"。刀、矛、剑也是古格军队常用的武器，从刀的形状来看，无疑是从印度购入的，刀身略弯，刀柄一侧有护手片，柄后端铆一个圆盘状的后挡，整体造型匀称美观。矛和剑多为西藏的传统样式，结实而实用。

作为防卫武器的铠甲、头盔、盾牌更为精美，一件甲衣要用10种以上不同类型的铁甲片连缀，总体设计既要防护身体,又不能过多影响身体活动的灵活性,完整的甲衣重量可达 20 公斤。不仅人要穿铠甲,战马也有铠甲防护,从发现的马甲种类分析,除了马腿外,马甲可以遮蔽马的全身。盾牌有两种质地,一种是藤条的,一种是皮革的,以藤条的为主。1985 年调查时,曾在山顶王宫区一座窑洞内发现 28 个基本完整的藤盾牌。

根据出土文物分析,至少在 16 世纪中叶以后,使用火药的热兵器已经装备了古格军队。古格故城采集到的铁枪管上有望山、准星和点火盘,是典型的火绳枪。还有一种直径约 8 厘米的枪管属于火力较大的抬枪,其威力如同一门小炮。火枪的配套用具有牛角制作的火药筒。

这样看来,古格晚期军队的兵种至少有弓箭手、刀矛手、铁甲骑兵和火枪手等。

藏族文化不可分割的一部分

古格王国作为吐蕃王族的一支后裔，在偏居阿里长达700年的历史中，虽然吸收融合了当地土著文化（即所谓象雄文化）及周邻地区、民族的文化因素，但依然顽强地保留并发展了吐蕃时期就形成的藏族主体文化。可以说，古格王国的历史文化自始至终都是我国藏族历史文化一个不可分割的组成部分。

对于阿里地区的语言，有学者在1979年做过调查和研究，他们得出的结论是"阿里地区的藏语基本属于卫藏方言的一支土语，只有改则县的语言属于康方言"。藏族同胞自己向来称阿里藏语为"堆盖"（高地话），与"卫盖"（前藏话）"藏盖"（后藏话）并立，自成一体，说明阿里藏语还是有一定的特殊性。从语言学的角度来看，阿里藏语鼻化单元音少，复元音多，用元音和声调的减缩变化表示动词的体，并且有6%的特殊词。而在阿里藏语中，札达话又别具特征。

如有浊塞音、浊塞擦音声母，特殊词占 8%。古格王国无疑是使用这种方言为主的。

古格王国使用的文字是规范化的藏文，也就是公元 826 年吐蕃赞普赤祖德赞（可黎可足）进行文字改革以后的藏文。古格故城各佛殿壁画上的题记和采集到的手抄本经书残页上的藏文都很清楚地表明了这一点。古格使用的藏文书体有两大类：一种是规整的乌坚体（有头字、类似于汉文的楷体），一种是乌梅体（无头字，类似于汉文的行书），其中两类字体还有不同变化。

古格文化艺术保留至今，最多也最为辉煌的还是壁画、天花板彩绘、木雕、泥塑、石刻、模制泥佛像等佛教艺术品，在前面的章节我们已用大量篇幅做了介绍。可以看出，这些丰富的艺术品构成了一个完整的、系统化的地域艺术风格，而且明显不同于同时代西藏其他地区的艺术风格。虽然随着古格王国的灭亡，这种风格也已终结，但古格人遗留下来的诸多艺术珍品依然给我们一个重新认识古格文化与艺术风格的机会，也使它最终确立了在西藏艺术发展史上的应有地位。

永远的诱惑

对于一个有着700年历史的古王国,对于王国遗存下来的大量遗址、遗物,至今所作的所有考察和研究仍然属于初步的探索,还有许多谜团没有解开,还有许多遗迹没有发现。吉德尼玛衮最初来到阿里所建造的尼松红堡到底在哪里?古格王国都城有几次迁徙?古格王葬于何处?有没有自己的王陵?古格故城的臣民们后来迁徙流落何处?他们是否还携带着多年前王国历史的信息?古格王国永远是一个诱惑,是一个有待几代人探索的课题。

后 记

《秘境之国——寻找消失的古格文明》原名《荒原古堡—— 西藏古格王国故城探察记》，曾于1996年由四川人民教育出版社作为《华夏文明探秘丛书》之一出版，至今已经二十余年。在这期间，西藏西部的考古调查与发掘工作一直没有中断，甚至一度成为西藏考古的热点。笔者和陕西省考古研究院的同事们先后与西藏自治区文物局、西藏自治区文物保护研究所诸位藏汉考古工作者合作，在1997年至1999年期间主持托林寺的考古调查与发掘，2004年主持阿里地区文物点复查工作，2013年主持日土县洛布措环湖遗址考古调查，2014年主持象泉河流域考古调查，2015年主持札达县曲龙遗址调查，2016年主持札达县度日坚岩画调查，2017年参加札达县格布赛路墓地发掘。四川大学考古系和西藏自治区文物局于1992年至2001年在札达县皮央·东嘎遗址先后进行7次调查与发掘，2004年又在噶尔县卡尔东遗址做了补充调查。

中国社会科学院考古研究所的西藏考古队2013年恢复在西藏的考古工作，首先选择阿里地区作为工作重点，2014至2016年期间与西藏自治区文物保护研究所联合在札达县曲踏墓地、噶尔县故如甲木墓地进行了卓有成效的考古发掘。

每次考古调查和发掘都有新的收获，都在不断更新我们对于西藏西部古代历史的认识。在此期间，还有不少与古格历史有关的译著、专著、论文发表和出版，对于古格王国历史、古格佛教发展史、古格佛教艺术的研究不断深入。特别是意大利藏学家图齐《梵天佛地》四卷八册的出版，让我们得以完整了解这位享誉西方的著名藏学家对古格王国历史和佛教艺术的研究成果。此次再版，基本保持了第一版的结构和内容，在个别篇章增加了新的考古资料和新的研究成果，图片多为近年所拍摄的彩色数码照片，以期使读者了解更多有关古格王国历史、遗迹的新信息。